KOREAN CONVERSATION
MADE NATURAL

Engaging Dialogues to Learn Korean

1st Edition

LANGUAGE GURU

Other Books by Language Guru

English Short Stories for Beginners and Intermediate Learners
Spanish Short Stories for Beginners and Intermediate Learners
French Short Stories for Beginners and Intermediate Learners
Italian Short Stories for Beginners and Intermediate Learners
German Short Stories for Beginners and Intermediate Learners
Russian Short Stories for Beginners and Intermediate Learners
Portuguese Short Stories for Beginners and Intermediate Learners
Korean Short Stories for Beginners and Intermediate Learners

Fluent English through Short Stories
Fluent Spanish through Short Stories

English Conversation Made Natural
Spanish Conversation Made Natural
French Conversation Made Natural
Italian Conversation Made Natural
German Conversation Made Natural
Russian Conversation Made Natural
Portuguese Conversation Made Natural

TABLE OF CONTENTS

INTRODUCTION

W e all know that immersion is the tried and true way to learn a foreign language. After all, it's how we got so good at our first language. The problem is, it's extremely difficult to recreate the same circumstances when we are learning our second language. We come to rely so much on our native language for everything, and it's hard to make enough time to learn the second one.

We aren't surrounded by the foreign language in our home countries. More often than not, our families can't speak this new language we want to learn. Plus, many of us have stressful jobs or classes to attend. Immersion can seem like an impossibility.

What we can do, however, is to gradually work our way up to immersion, no matter where we are in the world. The way we can do this is through extensive reading and listening. If you have ever taken a foreign language class, chances are you are familiar with intensive reading and listening. In intensive reading and listening, a small amount of text or a short audio recording is broken down line by line, and every new word is looked up in the dictionary.

Extensive reading and listening, on the other hand, is quite the opposite. You read a large number of pages or listen to hours and hours of the foreign language without worrying about understanding everything. You look up as few words as possible and try to get through material from start to finish as quickly as you can. If you ask the most successful language learners, you'll find that the best results are delivered not by intensive reading and listening but, rather, by extensive reading and listening. Volume is exponentially more effective than total comprehension and memorization.

If you cannot understand native Korean speakers, it is precisely because of a lack of volume. You simply have not read or listened enough to be able to instantly understand people like you can in your native language. This is why it's so important to invest as much time as possible into immersing yourself in native Korean every single day.

To be able to read extensively, you must practice reading in the foreign language for hours every single day. It takes a massive volume of text before your brain stops intensively reading and shifts into extensive reading. Until that point, be prepared to look up quite a few words in the dictionary.

This book provides a few short Korean-language dialogues that you can use to practice extensive reading. These conversations were written and edited by native Korean speakers from South Korea. They use 100 percent real Korean as used by native Korean speakers every single day.

We hope these dialogues help build confidence in your overall reading comprehension skills and encourage you to read more native material. We also hope that you enjoy the book and that it brings you a few steps closer to extensive reading and fluency!

HOW TO USE THIS BOOK

To better simulate extensive reading, we recommend keeping things simple and using the dialogues in the following manner:

1. Read each conversation just once and no more.

2. Whenever you encounter a word you don't know, first try to guess its meaning by using the surrounding context before going to the dictionary.

3. After completing the reading for each chapter, test your understanding of the dialogue by answering the comprehension questions. Check your answers using the answer key located at the end of the book.

We also recommend that you read each conversation silently. While reading aloud can be somewhat beneficial for pronunciation and intonation, it's a practice aligned more with intensive reading. It will further slow down your reading pace and make it considerably more difficult for you to get into extensive reading. If you want to work on pronunciation and intonation, a better option would be to speak to a tutor in the foreign language so that you can practice what you have learned.

Memorization of any kind is completely unnecessary. Attempting to forcibly push new information into your brain only serves to eat up your time and make it that much more frustrating when you can't recall the information in the future. The actual language acquisition process occurs subconsciously, and any effort to memorize new vocabulary and grammar structures will store this information only in your short-term memory.

If you wish to review new information that you have learned from the dialogues, several other options would be wiser. Spaced Repetition Systems (SRS) allow you to cut down on your review time by setting specific intervals in which you are tested on information to promote long-term memory storage. Anki and the Goldlist Method are two popular SRS choices that give you the ability to review whatever information you'd like from whatever material you'd like.

Trying to actively review everything you learned through these conversational dialogues will slow you down on your overall path to fluency. While there may be an assortment of things you want to practice and review, the best way to go about internalizing new vocabulary and grammar is to forget it! If it's that important, it will come up through more reading and listening to other sources of Korean. Languages are more effectively acquired when we allow ourselves to read and listen to them naturally.

With that, it is time to get started with our main character Sang-chul and his story told through 29 dialogues. Good luck, reader!

제 1 장:
전공 변경

(상철이 전공을 변경하기 위해 학생 상담실로 왔다.)

상철: 제가 어떤 일을 하고 싶은지 잘 모르겠어요.

상담사: 지극히 정상적인 일이야. 대부분의 사람이 어떤 삶을 원하는지 알아내려고 이런저런 노력을 하지.

상철: 음.. 확실히 화학은 아닌 것 같아요. 그건 분명해요. 고등학교 시절엔 정말 잘했었는데, 남은 인생 동안 계속할 수 있을 것 같지 않아요.

상담사: 네가 어떤 것에 열정이 있는지 알려주고 싶구나. 만약 그럴 수 있다면, 전공이나 직업을 고르는 것이 훨씬 더 간단해질 텐데 말이야, 그렇지?

상철: 점쟁이라도 되셔야겠네요.

상담사: 그러게 말이야. 출근하면 돗자리라도 펴놓고 있어야겠어.

상철: 그러게요. 일단은, 전공을 '미정'으로 바꾸고 제가 진정으로 하고 싶은 것이 어떤 건지 좀 더 생각해 봐야 할 것 같아요.

상담사: 그러렴. 그런 걸 하는 곳이 바로 대학이란다.

이해를 위한 문제

1. 상철이 전공을 변경하기로 결심하기 전 원래 전공은 무엇
   인가요?

   가. 역사

   나. 화학

   다. 상담

   라. 마법사

2. 상철이는 어떤 전공으로 변경하기로 결정을 했나요?

   가. 화학

   나. 상담

   다. 역사

   라. 미정

3. '사람들은 자신이 어떤 삶을 원하는지 알아내려고 이런저
   런 노력을 한다'는 의미는 무엇인가요?

   가. 영혼을 잃어버리고 다시 찾는 중이다.

   나. 인생의 사랑을 찾는 중이다.

   다. 시간을 들여 자신을 관찰하고, 동기를 찾으면서 진정
      으로 원하는 것을 찾는다.

   라. 귀신을 사냥하는 중이다.

English Translation

(Sang-chul has come to the student counseling office to change his major.)

Sang-chul: I'm just not sure what kind of work I want to do.

Counselor: And that's perfectly normal. A lot of us drift around in life trying to figure out where we belong.

Sang-chul: Well, it's certainly not chemistry. I can tell you that. I was really good at it in high school, but I just don't think I can do it for the rest of my life.

Counselor: I wish I could tell you what your true passion is. If I could, this whole "choosing a major and career" thing would be much more straightforward now, wouldn't it?

Sang-chul: You really should become a fortune teller.

Counselor: I know, right? When I come to work, I should just keep my mat spread open. *(This slang expression is commonly used to say that someone is good at guessing.)*

Sang-chul: Definitely. For now, I think I'll switch my major to "undecided" and do a little soul searching.

Counselor: That's OK. That's exactly what college is for.

제 2 장:
게임 세션

(상철이는 가장 친한 친구인 종석이와 게임을 하고 놀기 위해 동네 PC 방에 갔다.)

종석: 아! 나 또 죽었어. 이번 레벨 너무 어려워.
상철: 봐. 우린 팀워크가 없어. 각자 행동하면 절대 보스 못 잡을 거야.
종석: 우리 캐릭터가 마치 기름이랑 물 같아. 둘이 안 섞여.
상철: 내가 시선을 끄는 동안 네가 데미지를 많이 입히는 건 어때? 보스가 타깃을 바꾸면 반대로 하고.
종석: 아.. 톰과 제리 처럼?
상철: 응, 근데 제리가 들인거지. 그리고 무기도 들고 있고.
종석: 해보자.

(두 사람이 게임을 다시 시작한다.)

종석: 와, 됐다!
상철: 오예!
종석: 와 그게 먹힐 줄 몰랐어. 좋았어! 기념으로 나가서 간식이나 먹자.
상철: 좋아. 가자!

이해를 위한 문제

1. 어떤 두 물질이 잘 섞이지 않나요?
   가. 물과 기름
   나. 물과 소금
   다. 물과 설탕
   라. 물과 불

2. 두 사람은 어떻게 보스를 쓰러트렸나요?
   가. 기념으로 과자 구매.
   나. 팀으로 같이 행동.
   다. 각자 행동.
   라. 더 좋은 무기 구매.

3. 상철이와 종석이는 어떻게 승리를 기념했나요?
   가. 주먹을 서로 부딪친다.
   나. 음악을 튼다.
   다. 나가서 과자를 산다.
   라. 승리를 기념하지 않는다.

English Translation

(Sang-chul goes over to his local PC bang to hang out and play video games with his best friend Jong-seok.)

Jong-seok: Bah! I died again. This level is way too hard, man.

Sang-chul: Look. We don't have any teamwork. We're never gonna beat this boss by acting separately.

Jong-seok: Our characters are like oil and water. They don't mix together.

Sang-chul: What if I distract him while you deal as much damage as possible? When he starts targeting you, we will change places.

Jong-seok: So, like Tom and Jerry?

Sang-chul: Yeah, but there are two Jerrys. And they have weapons.

Jong-seok: Let's try it.

(The two resume playing.)

Jong-seok: Hey, we did it.

Sang-chul: Yay!

Jong-seok: I didn't even think that would work. That was great! Yo, we should go out and get a snack to celebrate.

Sang-chul: Alright. Let's go.

제 3 장:
편의점

(두 사람은 동네 편의점 안에서 매장 진열대를 둘러보고 있다.)

상철: 그래서 뭐 먹을거야?
종석: 샌드위치 먹자.

(두 명이 물건을 계산대로 가져온다. 음식값을 지불하고 나서, 가게 밖에서 먹기 시작한다.)

종석: 와, 이거 진짜 맛있다. 내가 먹은 거 아보카도인가?
상철: 내 생각엔 아보카도랑 피망 같아.
종석: 요즘 어떻게 지내? 전공 바꿨다고 했잖아.
상철: 응. 내가 뭘 하고 있는건지 모르겠어.
종석: 나도 똑같아. 생각도 하기 싫어.
상철: 그래도 해야 하잖아.
종석: 아니!
상철: 서른이 되면 어때?
종석: 그때도 아닐거야.
상철: 여든살되면?
종석: 난 죽는 날까지 게임을 할 거야. 내가 죽고 나면 죽은 내 차가운 손에서 키보드와 마우스를 볼 수 있을 거야.

이해를 위한 문제

1. 편의점에서는 어디에서 계산을 하나요?
    가. 입구에서
    나. 사무실에서
    다. 창고에서
    라. 계산대에서

2. 편의점에서 찾을 수 없는 물건은 무엇인가요?
    가. 샌드위치
    나. 스낵
    다. 음료
    라. 키보드와 마우스

3. 이 둘은 어디에서 샌드위치를 먹나요?
    가. 편의점 안에서
    나. 상철이의 차에서
    다. 편의점 밖에서
    라. 샌드위치 안에서

English Translation

(The two are inside their local convenience store browsing the store's shelves.)

Sang-chul: So, what do you want to eat?

Jong-seok: Let's get sandwiches.

(The boys bring their purchases to the check-out counter. After paying for their food, they leave and start eating outside the store.)

Jong-seok: Wow, this is really good. Is that avocado I taste?

Sang-chul: Avocado and bell peppers, I think.

Jong-seok: So, what's going on with you lately? You said that you changed majors.

Sang-chul: Yeah. I have no idea what I want to do.

Jong-seok: Same. I don't even want to think about it.

Sang-chul: You eventually have to, right?

Jong-seok: Nope.

Sang-chul: How about when you turn 30?

Jong-seok: Not then either.

Sang-chul: 80?

Jong-seok: I will be a gamer to the day I die. When I die, you'll see the keyboard and mouse still in my cold hands.

제 4 장:
근무 시간 중

(상철이는 동네 피자 가게에서 아르바이트로 배달 일을 한다. 가게 안에서, 피자 박스를 접으며 가게 점장님과 대화를 나누고 있다.)

경화: 그래서 해고했어. 그런 일이 있을 수 있다는 건 이해해, 너도 언젠간 늦을 수도 있고. 그래도 전화도 없고 잠수 타는 건 변명의 여지가 없지.

상철: 그렇군요. 친절하고 재미있긴 했지만, 전화도 안 받고 잠수 타는 건 좋지 않죠.

경화: 가끔 있는 일이야. 많은 대학생이 여기서 일하고, 몇몇 애들은 술 마시고 밤새 파티 하고 싶어하기도 하지. 그러고 나면 숙취에 시달리느라 출근할 수 없게 되고. 최소한 전화라도 해 줬으면 좋겠어.

상철: 우와, 제가 본 점장님 중에 제일 관대하신 것 같아요.

경화: 아냐. 그런 이유로 전화하면 해고당하는 건 똑같아. 안정적으로 가게를 운영하기 위해선 팀이 필요하거든.

상철: 밉보이면 안 되겠네요.

경화: 너는 내가 승진시켜주는 첫 번째 사람일 거야 솔직히.

상철: 정말요?

경화: 매니저가 좋을 것 같아. 내가 여기 매일 매일 나오고 있어서, 정신 건강에 해로워. 휴식이 좀 필요해.

상철: 와.. 무슨 말을 해야 할 지 모르겠어요.

경화: 할 필요 없어. 다음 주문 들어왔어. 배달해.

이해를 위한 문제

1. 직원이 잠수를 타면 어떻게 되나요?
    가. 직원이 해고당함
    나. 직원이 사장에게 알리지 않고 나타나지 않음
    다. 직원이 사내연애를 함
    라. 직원이 직장에서 스마트폰을 이용함

2. "관대한"의 반대말은 무엇인가요?
    가. 엄격한
    나. 정직한
    다. 똑똑한
    라. 지대한

3. 왜 경화는 매니저를 뽑고 싶어 하나요?
    가. 다른 배달 가게와 경쟁하기 위해서
    나. 승진하기 위해서
    다. 그만두기 위해서
    라. 정신 건강을 위해 휴식을 취하기 위해서

English Translation

(Sang-chul works at a local pizza delivery shop as a part-time delivery driver. Inside the store, Sang-chul and the pizza store's general manager are chatting while folding pizza boxes.)

Kyung-hwa: So, I fired him. I understand that things come up, and you might be late one day. But taking a dive without calling in is inexcusable. *("Taking a dive" is a slang expression in Korean that means to disappear completely without notifying anybody.)*

Sang-chul: I see. He was friendly and fun to be around, but taking a dive without calling in is pretty bad.

Kyung-hwa: It happens from time to time. So many college kids work here, and some of them want to party all night. Then they are too hungover or tired to come to work. I wish they would just call in at the very least.

Sang-chul: Wow, I think you're the most lenient boss I've ever had.

Kyung-hwa: Oh no. I would still fire them if that was the reason they called in. We need a reliable team to run this place.

Sang-chul: Remind me to never get on your bad side.

Kyung-hwa: You'd be one of the first ones I would promote, honestly.

Sang-chul: Really?

Kyung-hwa: A second manager would be nice. I'm here every day, and it's not good for my mental health. I need the time off.

Sang-chul: Wow. I don't even know what to say.

Kyung-hwa: You don't have to. The next order is ready. Go deliver it.

제 5 장:
반 친구와 대화

(상철이는 학교에서 경제학 강의를 듣는 중이다.)

교수님: 오늘은 여기까지입니다. 다가오는 중간고사 준비하는 것 잊지 마세요. 여기서 공부하는 매 시간마다 최소 2시간씩은 복습하는 데 써야 합니다.

(학생들이 짐을 챙겨 강의실을 나가기 시작한다. 상철이의 왼쪽에 있는 학생이 대화를 시작한다.)

반 친구: 두 시간? 그건 너무 많잖아! 전부 각자의 일정이 있는데, 그렇지?
상철: 응, 너무 많아.
반 친구: 좋은 성적 받으려면 공부 해야 하는 거 알겠어. 그래도 우와..
상철: 그리고 수업 듣는 대부분이 전공도 하지 않는 경제학 수업이잖아. 넌 전공이 뭐야?
반 친구: 공학. 너는?
상철: 미정이야, 그래서 뭐 할지 고민하는 중이야.
반 친구: 그렇구나. 학교생활 하면서 해야 할 게 너무 많아. 이번 주말에 48시간 동안 열리는 영화 페스티벌 소식 들었어?
상철: 각 팀별로 48시간 동안 영화 만드는 그거 맞지? 나도 들었어. 넌 가니?
반 친구: 당연 하지. 친구들이랑 가서 어떤 게 있는지 볼 거야. 넌 어때?

상철: 아니, 난 영화랑 관련된 건 아무것도 못 해서. 사고 치지 않고 48초나 버틸 수 있을지 모르겠어. 대신 요리 수업을 들을까 생각 중이야.

이해를 위한 문제

1. 교수님 말씀에 따르면, 10시간을 배운다면 중간고사를 위해 얼마나 복습해야 할까요?
   가. 10시간
   나. 15시간
   다. 20시간
   라. 25시간

2. 아래 보기 중 대학 전공이 아닌 것은?
   가. 미정
   나. 경제학
   다. 공학
   라. 공부

3. 48시간 영화 페스티벌에는 어떤 일이 일어나나요?
   가. 사람들이 48시간 영화를 보기 위해 큰 극장에 모인다.
   나. 48시간 영화의 시사회를 보기 위해 사람들이 모인다.
   다. 48시간 이내에 최고의 영화를 만들기 위해 경쟁한다.
   라. 48시간 동안 진행되는 마라톤 경주에 참가해 영화를 촬영한다.

English Translation

(Sang-chul is at school attending an economics lecture.)

Professor: That will be it for today. Don't forget to study for the upcoming midterm. For every hour you spend here, you should spend at least two hours reviewing.

(The students start packing up their belongings and leaving the lecture hall. A student to the left of Sang-chul starts up a conversation.)

Classmate: Two hours? That's way too much! We all have lives, you know?
Sang-chul: Yeah, it's a lot.
Classmate: I get that we have to study to get a good grade and all, but dude.
Sang-chul: And it's an economics class, which most people here are not majoring in. What major are you?
Classmate: Engineering. You?
Sang-chul: Undecided, so I'm kind of just floating around for now.
Classmate: I see. Yeah, there's so much going on campus every single day. Did you hear about the 48-hour film festival coming up this weekend?
Sang-chul: That's the one where each team has 48 hours to make a movie, right? I did hear about that. Are you going?
Classmate: Sure am. Gonna enter with some friends and see what happens. How about you?
Sang-chul: Nah, I can't do anything film-related at all. I'm not even sure I would last 48 seconds before screwing something up. I have been thinking about taking up cooking classes, though.

제 6 장:
비밀 재료

(상철이는 캠퍼스 안의 학생회관에서 열리는 저녁 요리 수업에 참석한다.)

강사: 이 레시피에서는 양파가 가장 중요합니다. 양파 간을 제대로 해야 합니다. 그렇지 않으면 카레 맛이 풍부하지 않을 겁니다.

학생 #1: 그러니까, 양파 요리 할 때, 소금, 후추, 마늘, 그리고 생강을 넣으면 되나요?

강사: 네 맞아요. 이제 비밀 재료들입니다.

학생 #2: 비밀 재료가 뭐죠?

강사: 지금 말해버리면 더 이상 비밀이 아니겠죠?

상철: 그런데 이 요리를 집에서 어떻게 만들죠?

강사: 비밀 맞추는 사람은 상품이 있습니다!

학생 #1: 코코넛인가요?

강사: 아니요.

학생 #2: 그럼 올리브 오일?

강사: 다시 맞춰 보세요.

상철: 사랑인가요?

강사: 그건 모든 재료에 들어가는 비밀이에요. 그래서 아닙니다.

학생 #1: 아이스크림?

(강사님이 차가운 눈빛으로 학생 #1 을 바라본다.)

상철: 제 생각에는 못 맞출것 같다는 소리인 것 같아요.

강사: 좋아요. 정답은 바질입니다. 아무도 정답을 못 맞혔으니, 상품은 제가 즐기도록 하겠습니다.

이해를 위한 문제

1. 강사님이 양파를 무엇으로 간을 했나요?
   가. 소금, 후추, 마늘, 생강
   나. 소금, 후추, 올리브오일
   다. 소금 후추, 코코넛 오일
   라. 아이스크림

2. 요리 수업하는 위치가 어디인가요?
   가. 캠퍼스 밖 학생회관 내부
   나. 강의실 안
   다. 캠퍼스 밖 학생회관 바깥
   라. 캠퍼스 내 학생회관 내부

3. 비밀 재료를 맞춘 학생에게 주어지는 상품은 무엇인가요?
   가. 바질
   나. 현금
   다. 아이스크림
   라. 모름

English Translation

(Sang-chul attends an evening cooking class located inside the student center on campus.)

Instructor: The onions are the most important part of this recipe. They have to be seasoned properly, or the curry will not have as much flavor.

Student #1: So, you add salt, pepper, garlic, and ginger when cooking the onions?

Instructor: Yes, and now comes the secret ingredient.

Student #2: What's the secret ingredient?

Instructor: It wouldn't be a secret anymore if I told you.

Sang-chul: But how are we supposed to make this dish at home?

Instructor: The person who guesses the secret ingredient gets a prize!

Student #1: OK. Is it coconut?

Instructor: No.

Student #2: How about olive oil?

Instructor: Try again.

Sang-chul: Is it love?

Instructor: That's the secret ingredient in everything, so nope.

Student #1: Ice cream?

(The instructor coldly stares at Student #1.)

Sang-chul: I think he means to say that we all give up.

Instructor: Very well then. The correct answer is basil. And since no one guessed right, it looks like I will be keeping the prize to enjoy all by myself.

제 7 장:
낯선 사람과의 데이트

(상철이는 데이트 앱을 통해 온라인에서 누군가를 만났다. 며칠 동안 대화를 하다가 동네 커피숍에서 직접 만나서 데이트를 하기로 했다.)

상철: 안녕하세요, 민서 씨죠?
민서: 네. 안녕하세요.
상철: 상철입니다. 반갑습니다.
민서: 반가워요.
상철: 실제로 뵈니까 훨씬 더 귀여우시네요.
민서: 감사해요. 그쪽도요.
상철: 커피숍 자주 다니세요?
민서: 네, 가끔요.
상철: 언제요?
민서: 학교 마치고 나서요.
상철: 아.. 네. 전공이 뭐예요?
민서: 컴퓨터 공학이요.
상철: 그 전공은 어떠신 것 같아요?
민서: 꽤 재미있는 것 같아요.
상철: 뭐 때문에 그 전공을 선택했어요?
민서: 음..글쎄요. 돈이 잘 돼서요.
상철: 잘 버시나요?
민서: 네.
상철: 돈 많이 주는 직업이 좋죠.
민서: 음..

(둘은 10초 정도의 어색한 침묵 속에 앉아 있다.)

민서: 저기.. 친구한테 방금 문자 받았는데 지금 가봐야 할 것 같아요.
상철: 아.. 네. 만나서 반가웠어요.

(민서는 소지품을 챙겨 커피숍을 떠난다. 상철이는 곧바로 스마트폰을 꺼내 무엇이 잘못됐는지 고민하기 시작한다.)

이해를 위한 문제

1. 상철이는 어디에서 민서를 처음 만났나요?
   가. 요리 교실에서
   나. 듣는 수업 중 한 수업에서
   다. 두 명 다 같은 곳에서 피자 배달을 한다.
   라. 데이트 앱을 통해서

2. 이번 장에 나온 대화의 대체적인 분위기가 어떤가요?
   가. 어색한
   나. 진지한
   다. 오만한
   라. 친밀한

3. 상철이와 민서의 두 번째 데이트는 언제일까요?
   가. 상철이의 다음 급여일
   나. 주말 중 언젠가
   다. 학기가 끝나면
   라. 아마 두 번째 데이트는 없을 것이다.

English Translation

(Sang-chul has met someone online through a dating app. After chatting for a few days, they agree to meet in person for a date at a local coffee shop.)

Sang-chul: Hi, are you Min-seo?
Min-seo: Yes. Hi.
Sang-chul: I'm Sang-chul. Nice to meet you.
Min-seo: Nice to meet you, too.
Sang-chul: You look a lot cuter in person.
Min-seo: Oh, thanks. You, too.
Sang-chul: So, uh, do you come to this coffee shop a lot?
Min-seo: Yeah, sometimes.
Sang-chul: When?
Min-seo: After school.
Sang-chul: Oh, that's cool. What is your major?
Min-seo: Computer science.
Sang-chul: How's that working out for you?
Min-seo: It's kind of fun, I guess.
Sang-chul: What got you into that?
Min-seo: Um, well, it pays pretty well.
Sang-chul: It does, doesn't it?
Min-seo: Yup.
Sang-chul: You got gotta love jobs that pay you good money.
Min-seo: Mmmhmm.

(The two sit in awkward silence for roughly 10 seconds.)

Min-seo: Oh. Uh, I just got a text from a friend. I think I should go meet them.

Sang-chul: Oh, OK. Well, it was nice meeting you.

(Min-seo picks up her belongings and leaves the coffee shop. Sang-chul immediately takes out his smartphone and starts to ponder what went wrong.)

제 8 장:
몸짱

(상철이는 캠퍼스 내 학교 체육관에서 운동을 하기로 했다. 막무가내로 우선 역기를 들려고 하다가, 도움을 청하기로 한다.)

상철: 저기요. 방해해서 죄송합니다.

낯선 사람: 괜찮아요. 무엇을 도와드릴까요?

상철: 오늘 웨이트 트레이닝을 시작했는데 어떻게 그렇게 근육질에 몸이 좋으세요? 완전 대박이에요.

낯선 사람: 하하.. 감사해요. 다른 일들이랑 똑같이 열심히 해야 하고 시간이 필요해요.

상철: 몸을 만들기 위해 8주의 시간이 있다고 가정하면 어떻게 하시겠어요?

낯선 사람: 글쎄요, 8주만 있다면 결과는 제한적일겁니다. 헬스 용품 업계에서는 자신의 물건을 사면 8주 안에 전문 모델의 몸을 만들 수 있다고 믿게 할 수도 있지만요.

상철: 잘 모르겠어요. 진짜 놀라운 전-후 비교 사진들을 많이 보긴 봤어요.

낯선 사람: 그것들도 속임수예요. 그 사람들은 이미 많은 근육을 가지고 있었어요, 다이어트를 하기 전에요.

상철: 좋아요. 그럼 초급자에게 어떤 8주 프로그램을 추천하시겠어요?

낯선 사람: 말해드릴게요. 기본부터 시작해서 헤비스쿼트, 데드리프트, 벤치 프레스를 하면 정말 큰 힘의 변화와 체구 변화를 얻을 거예요.

상철: 그럼 어떤 장비를 사용해야 하는지 보여주실래요?

낯선 사람: 바벨 운동이에요. 바벨을 가지고 운동하면 3 배 정도의 효과를 볼 거예요.

상철: 잘 모르겠어요. 꽤 어려워 보이네요.

낯선 사람: 어려울 수 밖에 없죠. 그래야 몸집이 커지고 힘도 세지죠.

상철: 명심할게요. 다이어트를 위해선 어떻게 해야 할까요?

낯선사람: 평소 먹는 칼로리보다 200~300 칼로리정도 더 적게 먹어야 합니다. 그리고 정크푸드는 금지고 높은 단백질이 있는 영양가 있는 음식을 먹어야 해요.

상철: 칼로리를 계산 해야 한다는 말씀인가요?

낯선 사람: 무조건 그럴 필요는 없어요. 식단에서 정크푸드는 없애고 건강 식품으로 바꾸는 것부터 시작하세요.

상철: 알겠어요. 도움 주셔서 정말 감사드립니다. 한번 해볼게요.

(낯선 사람이 건네준 정보에 충격을 받은 상철이는 러닝머신에서 열심히 달리기로 결심합니다.)

이해를 위한 문제

1. 다음 중 낯선 사람의 체격을 가장 잘 설명한 것은 무엇인 가요?
   가. 날씬하고 매끈함
   나. 근육질에 탄탄함
   다. 허약하고 말랐음
   라. 푹신푹신하고 축 늘어짐

2. '몸을 만들다'는 무슨 의미인가요?
   가. 운동을 통해 신체적으로 더 건강해 지는 것
   나. 몸을 까다로운 방법으로 구부리는 것
   다. 형태를 변환시키는 것
   라. 신체를 인증된 방법에 맞게 구부리는 것

3. 낯선 사람이 상철이에게 권하지 않은 것은?
   가. 영양가 높은 음식 섭취하기
   나. 칼로리 부족으로 정크푸드 먹기
   다. 정크푸드 먹지 않기
   라. 바벨 운동하기

English Translation

(Sang-chul has decided to start working out at the college gym on campus. He is just about to start lifting weights when he decides to ask for help.)

Sang-chul: Excuse me. Sorry to bother you.

Stranger: No problem. What can I do for you?

Sang-chul: I just started weight training today, and I was wondering, how did you get so lean and shredded? It's really impressive.

Stranger: Oh, uh, thanks. It takes hard work and time just like anything else.

Sang-chul: Let's say you had eight weeks to get into shape starting from scratch. What would you do?

Stranger: Well, you're going to get pretty limited results if you work out for only eight weeks. The fitness industry would have you believe that you can get a professional model's physique in eight weeks if you just buy what they are selling.

Sang-chul: I don't know. I've seen a lot of amazing before-and-after photos.

Stranger: That's another trick. They already had a lot of muscle on them before they went on a diet to cut all the fat.

Sang-chul: Alright then. What kind of eight week program would you recommend for a beginner?

Stranger: I'll tell you what. If you start with the basics and do heavy squats, deadlifts, and bench presses, you'll see some very real strength and size gains.

Sang-chul: OK. Can you show me which machines I use for those?

Stranger: These are barbell exercises. You'll get triple the gains if you train with the barbell.

Sang-chul: I don't know. That seems pretty hard.

Stranger: It's supposed to be. That's exactly how you get big and strong.

Sang-chul: I'll keep that in mind. What would you do diet-wise?

Stranger: You're going to want to eat a small calorie surplus that's about 200-300 calories above what you normally eat. And not junk food but nutritious food that's also high in protein.

Sang-chul: Do you mean I have to count calories?

Stranger: You don't have to necessarily. Start by cutting all junk food from your diet and replacing it with lots of healthy foods.

Sang-chul: OK, I see. I really appreciate the help. I'll see what I can do.

(Overwhelmed by the information given to him by the stranger, Sang-chul decides to go for a run on the treadmill instead.)

제 9 장:
최신 트렌드

(상철이와 종석이는 제일 좋아하는 PC 방에서 같이 놀고 있다.)

종석: 그래서, 이번 주에 그 여자애랑 데이트 어땠어?

상철: 최악이었어. 3분도 안 갔어.

종석: 헐. 만나자마자 어색하고 그랬어?

상철: 그런 셈이지. 내 모습 때문에 그런 것 같긴 한데, 나야 모르지.

종석: 적어도 시도는 해 봤잖아. 계속하다가 보면 꼭 찾을 수 있을 거야.

상철: 넌 어때? 요새 돈이 없는 건 알지만..

종석: 정답을 알고 있네.

상철: 취업 준비는 잘 돼?

종석: 응. 야, 오늘 소식 들었어?

상철: 아니. 어떤 거?

종석: 오늘 새로운 RPG 게임 발표했어. 완전 대박이야. A급 연예인 몇 명이 목소리 더빙했고. 사람들도 완전 기대하고 있어. 난 기자 회견 끝난 직후에 선 주문 했어.

상철: 인터넷은 항상 어떤 이유로 핫이슈가 되지. 난 아직 올해 나온 히트친 게임을 아직도 못해봤어. 게임 하나 끝내고 나면 10개의 다른 게임이 나오는 것 같아. 도저히 따라갈 수가 없어.

종석: 난 할 수 있어.

상철: 어떻게?

종석: 간단해. 인생을 포기 해. 그럼 갑자기 이 세상 모든 시간을 가질 수 있게 돼. 문제 해결!

이해를 위한 문제

1. "적어도 시도는 해 봤잖아"가 무슨 의미인가요?
   가. 밖에 나가다.
   나. 위험을 피하다.
   다. 노력을 기울이다.
   라. 위험한 상황에 처하다.

2. "A급 연예인"이 무엇인가요?
   가. 현재 연예계 1위인 연예인
   나. 리스트에 등장하는 연예인
   다. 학교에서 시험 성적이 높은 연예인
   라. 연예인의 축하

3. "인생을 포기해"가 무슨 의미인가요?
   가. 죽는 것
   나. 의식 불명이 되는 것
   다. 삶의 모든 것을 게임에 사용하는 것
   라. 중요하거나 의미 있는 것을 하지않고 시간을 보내는 것

English Translation

(Sang-chul and Jong-seok are hanging out at their favorite PC bang.)

Jong-seok: So, how did that date go this week with that girl?

Sang-chul: Terrible. It didn't last longer than three minutes.

Jong-seok: Ouch. Was it one of those dates where it was immediately awkward?

Sang-chul: Pretty much. I'm thinking it's because of the way I look, but you never know, right?

Jong-seok: At least you're putting yourself out there. You're bound to find someone if you keep trying.

Sang-chul: What about you? I know you're low on money but...

Jong-seok: You just answered your own question.

Sang-chul: How's the job hunt coming along?

Jong-seok: Good. Hey, did you hear about the announcement today?

Sang-chul: No. What was it?

Jong-seok: They announced the new RPG today. It looks absolutely insane. They even hired a few A-list celebrities to do the voice acting. The hype surrounding this game is unreal. I pre-ordered it immediately after the press event ended.

Sang-chul: The internet is always on fire over something. I still haven't played the big game that came out this year. It's like, as soon I finish one game, 10 more pop up that people are telling me to play. I just can't keep up.

Jong-seok: I can.

Sang-chul: How?

Jong-seok: Easy. Don't have a life. Do that and suddenly you have all the time in the world. Problem solved.

제 10 장:
희생

(상철이는 피자 박스를 접으면서 경화와 이야기를 나누고 있다.)

경화: 오늘 밤에 배달 엄청 많을 거야. 바쁜 밤이 되겠네. 나는 바쁠 때가 좋아. 시간도 빨리 가고, 정신 차리면 바로 집에 가고.

상철: 아들 있다고 하셨죠? 몇 살이에요?

경화: 이제 막 15살 되었어.

상철: 그러면 여기 계시는 동안 아버지랑 집에 있는 거예요?

경화: 낳아준 아빠는 있지만, 키워주는 아빠는 없단다.

상철: 그럼 혼자 키우시는 거에요?

경화: 응 그랬지. 우리 아들은 그렇게 못 느꼈을 거야. 난 돈을 벌어야 해서 거의 매일 출근 했으니까, 같이 시간을 많이 못 보냈거든. 내가 일하는 동안에는 아들의 할머니인 우리 엄마가 보살펴 줬어.

상철: 이제 혼자 집에 있을 수 있는 나이죠?

경화: 응. 우리 엄마한테 잘 되었지. 휴식이 필요했거든. 아들이 외로워졌지.

상철: 어렵네요.

경화: 우린 다른 두 곳의 피자 가게랑 경쟁 중이고, 내가 이 가게를 유지하려면 모든 것이 필요해. 하루라도 쉬면 사장에게서 전화 오거든. 절대 좋은 소식으로 전화하는 사람이 아니야.

상철: 감당해야 할 일이 많군요. 언젠가 아들도 돌아보고 엄마가 얼마나 자기를 위해 희생을 많이 했는지 알게 될거에요.

경화: 그날이 오늘이 될 수 있을까?

이해를 위한 문제

1. 왜 경화는 바쁜 날을 좋아하나요?
   가. 돈을 가장 많이 벌 수 있어서.
   나. 시간이 빨리 가고, 집에 일찍 갈 수 있어서.
   다. 주인이 찾아와서.
   라. 퇴근 후에 축하 파티가 열려서.

2. 경화는 아들은 누가 어떻게 키웠나요?
   가. 하루 종일 일 하는 경화와 남편이
   나. 하루 종일 일 하는 경화와, 아들을 집에서 돌봐준 그
   녀의 엄마가
   다. 집에서 양 부모가
   라. 고아원에서

3. 경화가 하루 쉬면 어떤 일이 일어나나요?
   가. 피자가게에 불이 난다.
   나. 직원이 항의한다.
   다. 사장이 그녀에게 전화해 꾸짖을 것이다.
   라. 손님들이 음식을 주문하지 않을 것이다.

English Translation

(Sang-chul is at work chatting with Kyung-hwa while folding pizza boxes.)

Kyung-hwa: We have a lot of deliveries coming up tonight. It's going to be a busy night. I like it when it's busy. It means that time flies, and we get home before you know it.

Sang-chul: I heard you have a son. How old is he?

Kyung-hwa: He just turned 15 the other day.

Sang-chul: So, he stays home with his dad while you're here in the evening?

Kyung-hwa: Honey, he has a father but not a dad.

Sang-chul: So, you raised him all by yourself?

Kyung-hwa: I did. Of course, my son doesn't see it that way. I had to go to work almost every day to pay our bills, so we didn't get to spend too much time together. My mom, his grandmother, is the one who looked after him while I worked.

Sang-chul: But now he is old enough to stay home alone, right?

Kyung-hwa: Yes. It's good for my mom, who needed the break, but now he's lonely, you know?

Sang-chul: That's rough.

Kyung-hwa: We compete with two other pizza delivery places and it takes everything I have just to keep this place in business. If I take even a day off, I get a call from the owner, and he's not one who calls for good news.

Sang-chul: Wow, that's a lot to deal with. If it makes you feel any better, one day he will look back and realize how much his mom sacrificed for him.

Kyung-hwa: Can that day be today, please?

제 11 장:
손님과 대화

(상철이는 배달하러 나갔다. 손님 아파트에 도착해 피자를 손에 들고 초인종을 누른다. 중년의 남자가 문을 열어준다.)

상철: 안녕하세요. 312 호에 파인애플 피자 배달왔습니다.
손님: 네. 여기요. 거스름돈은 괜찮아요.
상철: 감사합니다.
손님: 대학생이신가봐요.
상철: 네.
손님: 제 인생의 최고의 시간이 그때 4 년이었어요. 잘 살길 바래요. 그 황금 같은 시간은 순식간에 지나가니까요.
상철: 그럴게요.
손님: 전공이 뭐에요?
상철: 화학 공부 조금 했는데, 지금은 잘 모르겠어요.
손님: 걱정하지 마세요. 남은 인생 동안 알아내면 되니까. 아직 어리잖아요. 대학 생활 잘 즐겨요. 파티하고, 술 마시고, 새 친구들도 만나고, 여자도 만나고!
상철: 그럴게요! 괜찮으시면 무엇을 전공하셨는지 말해주실래요?
손님: 역사 공부했어요. 비록 사는 데 도움이 되지는 않았지만요. 졸업하고 직장을 구하지 못해서 사실은 저도 배달 기사로 일해요.

이해를 위한 문제

1. 피자 값을 어떻게 지불했나요?
   - 가. 신용 카드
   - 나. 수표
   - 다. 현금
   - 라. 체크 카드

2. 손님이 상철이에게 어떤 조언을 해줬나요?
   - 가. 전공에 대해 너무 걱정 말고 파티를 즐겨라.
   - 나. 빨리 연애를 하고 정착해서 결혼해라.
   - 다. 모든 관심과 시간을 공부에 집중해라.
   - 라. 미래를 준비하기 위해, 가능한 많은 돈을 모으는데
     집중해라.

3. 손님이 역사 공부를 했는데 무슨 문제가 있었나요?
   - 가. 너무 지루했다고 느꼈다.
   - 나. 역사와 관련된 직업이 돈이 되지 않음을 알아챘다.
   - 다. 졸업 후 직장을 구하지 못했다.
   - 라. 대학을 중퇴했다.

English Translation

(Sang-chul is out on a delivery. He arrives at the customer's apartment and rings the doorbell with the order in hand. A middle-aged man opens the door.)

Sang-chul: Hi there. I have a pineapple pizza for apartment 312.

Customer: That's me. Here's the money for the order. You can keep the change.

Sang-chul: Thank you.

Customer: You look like you're a student in college.

Sang-chul: Yes, sir.

Customer: Best four years of my life right there. Live it up while you can because those golden years will be gone before you know it.

Sang-chul: I will certainly try.

Customer: What's your major?

Sang-chul: I did chemistry for a bit, but now I'm not sure what I want to do.

Customer: Don't worry about that. You have your whole life to figure that out. You're young. Just enjoy the college life. Parties, drinking, new friends, and the women!

Sang-chul: I will! Oh, by the way, if you don't mind me asking, what did you study?

Customer: History. Although it did me no good in the end. I couldn't find a job after graduation, so now I'm a delivery driver too, actually.

제 12 장:
도서 대출

(상철이는 캠퍼스 안 도서관에서 책을 찾고 있다. 읽고 싶은 책을 찾아서 대출하러 간다.)

상철: 안녕하세요. 이 책 대출하고 싶어요.
도서관 사서: 네. 학생증 가지고 있어요?
상철: 네. 여기요.
도서관 사서: 좋아요. 학생 이름으로 해 놓을게요.

(잠시 동안 침묵이 흐른다.)

상철: 혹시, 이 저자가 쓴 책 읽어본 적 있어요?

도서관 사서: 안 읽어본 것 같아요. 어떤 작가예요?
상철: 역사를 써나간 사람들의 삶에 관해 쓴다고 들었어요. 그래서 많은 사람이 이 책을 추천해 줬어요. 그 안의 지혜들 때문에요.
도서관 사서: 오 괜찮네요. 전 소설을 더 좋아해요. 위인들의 이야기에는 그 바탕에 지혜가 있겠지만, 제가 소설을 더 좋아하는 이유는 그 교훈을 스스로 찾아서 해석하는 것이 독자의 몫이기 때문이에요.
상철: 저 같은 경우엔, 학교 때문에 소설 읽는 게 항상 지루했어요.
도서관 사서: 그래서 논픽션을 읽는 거예요?
상철: 책을 사실 많이 안 읽어요. 학교 밖에서 읽는 첫 책이에요.

이해를 위한 문제

1. 대학 도서관에서 책을 빌리려면 무엇이 필요한가요?
   가. 학생증
   나. 돈
   다. 운전 면허증
   라. 신분증

2. 그 저자는 어떤 것에 대해 책을 쓰나요?
   가. 도서관 사서의 삶
   나. 역사를 만들어 간 사람들의 삶
   다. 실용적인 지혜에 대한 역사
   라. 사람과 세계의 역사

3. 도서관 사서는 왜 소설을 더 좋아하나요?
   가. 논픽션보다 더 재미있고 흥미진진해서.
   나. 자기가 이야기 속에 담긴 지혜와 삶의 교훈을 찾을
      수 있어서.
   다. 판타지, SF, 로맨스 소설이 있어서.
   라. 소설을 읽는 것이 논픽션보다 전반적으로 현명한 선
      택이라서.

English Translation

(Sang-chul is at the library on campus, looking for an inspiring book. He finds a book that he would like to read and goes to check it out.)

Sang-chul: Hi, I'd like to check out this book.
Librarian: OK. Do you have your student ID card?
Sang-chul: Yes. Here you go.
Librarian: All right. Let me just put this book under your name.

(A few moments of silence pass.)

Sang-chul: Hey, have you ever read anything by the author of this book?
Librarian: Can't say that I have. What kind of author is he?
Sang-chul: I've heard that he writes about the lives of people who have made history. So many people have recommended his books to me because of the practical wisdom they contain.
Librarian: Oh, that does sound good. I'm more of a fiction reader. I think all great stories have some underlying wisdom in them. But what I like about fiction is that it's up to the reader to find and interpret that life lesson for themselves.
Sang-chul: For me, because of school, I've always associated reading novels with boredom.
Librarian: So, that's why you read non-fiction?
Sang-chul: I don't really read much at all. This is the first book I've picked up outside school.

제 13 장:
가족 시간

(상철이는 엄마가 장보고 돌아왔을 때 거실의 소파에 누워 새 책을 즐기고 있었다.)

엄마: 상철아.
상철: 다녀오셨어요.
엄마: 그래. 새로 생긴 식료품점 가격 완전 싸네. 너무 좋다!
상철: 그래요? 뭐 샀어요?
엄마: 채소를 반값에 샀어. 신선한 무, 호박, 양배추 그리고 과일도 꽤 싸게 샀어. 사과, 딸기, 블루베리도 샀어.
상철: 오 그래요? 그래서 오늘 저녁으로 뭐 먹어요?
엄마: 원래는 오늘 포장해서 먹으려고 그랬어. 수프랑 샌드위치 어때?
상철: 좋아요.
엄마: 근데 그 책은 어떤 수업 책이야?
상철: 수업하는 책 아니에요. 도서관에서 빌렸어요.
엄마: 아. 오늘 공부 다 했니?
상철: 엄마, 제가 뭘 공부하고 싶은지 모르겠어요.
엄마: 화학을 하고 싶어 하는 줄 알았는데.
상철: 아뇨. 관뒀어요. 전공 미정으로 바꿨어요.
엄마: 그래도 계속 뭔가를 하는건 좋은거야. 다른 과학과 관련된 일은 어때?
상철: 과학 중에 화학을 제일 좋아했는데, 이게 제가 진짜 원하는 건지 잘 모르겠어요.

(상철이 책에 얼굴을 묻는다.)

상철: 엄마, 삶이 왜 이렇게 힘들죠?

엄마: 이소룡이 말한 것 중에 정말 좋은 말이 있어. "편안한 삶을 위해 기도하지 말라. 힘겨운 것을 견뎌낼 수 있도록 해 달라고 기도하라.".

이해를 위한 문제

1. 상철이의 엄마는 식료품점에서 무엇을 샀나요?
   - 가. 라면, 피클, 오이, 살구, 선디, 바나나
   - 나. 밥, 피자, 당근, 도토리, 샐러드, 베이글
   - 다. 렐리시, 파인애플, 케익, 아스파라거스, 샌드위치, 베이컨
   - 라. 무, 호박, 양배추, 사과, 딸기, 블루베리

2. 상철이와 엄마는 저녁으로 뭘 먹을까요?
   - 가. 수프와 샌드위치를 만들 것이다.
   - 나. 수프와 샌드위치를 사와서 먹을 것이다.
   - 다. 동네 식당에 가서 수프와 샌드위치를 먹을 것이다.
   - 라. 친구집에 가서 수프와 샌드위치를 먹을 것이다.

3. 다음 중 과학과 관련된 영역이 아닌 것은?
   - 가. 화학
   - 나. 물리학
   - 다. 생물학
   - 라. 암호학

English Translation

(Sang-chul is lying on the couch in the living room of his apartment, enjoying his new book, when his mom comes back from grocery shopping.)

Mom: Hey, Sang-chul.
Sang-chul: Welcome back.
Mom: Thanks. The new grocery store here is so cheap. I love it!
Sang-chul: Oh yeah? What did you buy?
Mom: I got all our vegetables at half price. There's fresh radishes, pumpkins, and cabbage. I also got fruits for pretty cheap. We have apples, strawberries, and blueberries.
Sang-chul: Oh, really? What are we having for dinner tonight?
Mom: I was actually thinking about getting take-out tonight. How does soup and sandwiches sound?
Sang-chul: I'd love some.
Mom: By the way, what class is that book for?
Sang-chul: It's not for class. I got it at the library.
Mom: Oh. Have you finished studying for the day?
Sang-chul: Mom, I don't even know what I want to study.
Mom: I thought you were doing chemistry.
Sang-chul: Nah. I dropped it. I changed my major to undecided for now.
Mom: Well, it's good that you're keeping your brain sharp. What do you think about doing something else science-related?
Sang-chul: Chemistry was the science I liked best, but I'm not sure it's my true passion anymore.

(Sang-chul buries his face into his book.)

Sang-chul: Mom, why does life have to be so hard?

Mom: There's a really good quote by Bruce Lee that I love. "Pray not for an easy life. Pray for the strength to endure a difficult one."

제 14 장:
천재의 정의

(상철이와 종석이가 동네 술집에서 술을 마시고 있다.)

종석: 천재 같은 것은 없다는 게 무슨 말이야?

상철: 우리가 천재라고 부르는 건 그 사람들이 타고난 재능을 알아내고 그걸 완성하려고 10년 넘게 쓴 사람에 불과하지 않아. 사람들은 그 결과만 보고 힘든 과정은 생각하지 않고 그 사람들을 쉽게 그냥 천재라고 부르지.

종석: 그럼 모차르트는 어때? 그 사람은 신동 아냐?

상철: 아주 좋은 예시네. 모차르트가 아주 어릴 때부터 음악에 대단한 관심을 보였다는 것을 사람들은 고려하지 않았어. 그리고 모차르트 아버지는 전문적인 음악가, 작곡가, 지휘자이면서 선생님이었어. 모차르트가 세 살이 됐을 때, 매일 아버지로부터 전문가 수준의 피아노 레슨을 받았어. 밤에는 부모님들이 잠들기 위해 모차르트를 피아노에서 떼 놓아야 했어.

종석: 음.. 잘 모르겠는데. 천재가 없다는 걸 어떻게 믿는 거야? 이 이야기는 어디서 알았어?

상철: 책에서.

종석: 책 한 권 읽고 전부 믿는 거야?

상철: 음.. 이런 논쟁을 다른 곳에서도 들은 적이 있어. 사람들은 실패나 실수를 받아들이는 걸 싫어해서 성공한 사람들을 보고 행운이나 재능, 천재라고 부르기를 더 좋아해.

종석: 음.. 그럼 지금 사람들이 운이 안 좋다는 거야? 연기나 유튜브 같은 경쟁적인 분야는 어때?

상철: 운도 틀림없이 작용하지만. 내 말은 행운을 원하면 더 많은 노력을 해야 한다는 거야.

(상철이 이야기하는 동안, 종석은 상철의 어깨 너머로 매력 적인 여자 둘이 앉는 것을 발견한다.)

종석: 노력을 해야 한다는 말이 나와서 하는 말인데, 그 기회 가 저기에서 보여. 나를 따르라!

이해를 위한 문제

1. 상철이는 '천재'를 어떻게 정의하나요?
   가. 믿을 수 없을 만큼 똑똑하고 실력 있는 사람
   나. 혁명적인 무언가를 발견하는 사람
   다. 타고난 재능을 일찍 발견하고 10년 넘게 완벽해지도 록 노력한 사람
   라. 타고난 재능을 찾기 위해 10년 넘게 시간을 보낸 사 람

2. 천재의 다른 단어는 무엇인가요?
   가. 지적인
   나. 완벽한
   다. 영재인
   라. 전문적인

3. 상철이의 말에 따르면, "더 많은 행운을 원한다면..
   가. 주사위를 굴려야 한다."
   나. 운이 좋아야 한다."
   다. 더 많은 노력을 해야 한다."
   라. 네 잎 클로버를 찾아야 한다."

English Translation

(Sang-chul and Jong-seok are having drinks in a local bar.)

Jong-seok: What do you mean there's no such thing as a genius?

Sang-chul: What we call genius is just someone who has figured out what their natural talents are and has spent over 10 years perfecting them. People see only the end result and none of the hard work, so it's just easy to call it genius.

Jong-seok: But what about Mozart? Wasn't he a child prodigy?

Sang-chul: That's a great example. What people don't consider is that he had shown a very high level of interest in music from a very early age. And his father was a professional musician, composer, conductor, and teacher. By the time Mozart turned three, he was receiving professional-level piano lessons all day, every day from his dad. At night, his parents had to pry him away from the piano just to get him to sleep.

Jong-seok: Hmm, I don't know. How can you believe that there's no such thing as a genius? Where are you getting this argument from?

Sang-chul: From a book.

Jong-seok: You would believe something you read in a single book?

Sang-chul: Well, I've heard this argument elsewhere, too. As humans, we don't want to come to terms with our personal failures and mistakes, so it's easier to look at successful people and call them lucky, gifted, or genius.

Jong-seok: Um...are you saying people don't get lucky? What about incredibly competitive fields like acting or YouTube?

Sang-chul: Luck is definitely a factor, no doubt. What I'm saying is that if you want more luck, you gotta take more chances.

(While Sang-chul is talking, Jong-seok looks over Sang-chul's shoulder and spots two attractive girls sitting at another table.)

Jong-seok: Speaking of taking more chances, I see some across the room right now. Follow me.

제 15 장:
처방전

(상철이는 동네 약국에 가서 약을 사러 갔다.)

상철: 안녕하세요. 여기 처방전이요.
약사: 이름이 어떻게 되세요?
상철: 강상철이요.
약사: 생년월일은요?
상철: 2000년 2월 20일요.
약사: 네. 잠시만요.

(약사가 상철의 처방전을 찾아서 온다.)

약사: 약에 대해 궁금한 점 있으세요?
상철: 네. 아침저녁으로 먹으면 되나요?
약사: 네 맞아요.
상철: 밥 먹고 먹어야 하나요? 아니면 공복에 먹어도 괜찮나요?
약사: 둘 다 괜찮아요.
상철: 낮이나 다른 시간에 약을 먹어도 괜찮나요? 학교 때문에 스케줄이 항상 바뀌어서요.
약사: 오전 중에 복용하고 저녁 시간에 복용하기만 하면 괜찮아요.
상철: 네. 감사합니다. 잠깐만요! 하나 물어볼 게 있는데 까먹었어요. 알약을 삼켜야 하나요? 아니면 씹어야 하나요?
약사: 삼켜야 합니다. 더 궁금하신 게 있나요?
상철: 정수기가 어디 있죠? 빨리 먹어야 할 것 같아요.

이해를 위한 문제

1. 처방된 약을 받으러 어디로 가나요?
   가. 약국
   나. 병원
   다. 학교
   라. 직장

2. 상철이는 약을 밥 먹고 먹어야 하나요? 공복에 먹어야 하나요?
   가. 밥 먹고
   나. 공복에
   다. 상관없음
   라. 상황에 따라

3. 다음 중 구강 약물 투여가 아닌 것은?
   가. 주사
   나. 삼키기
   다. 씹기
   라. 마시기

English Translation

(Sang-chul is at his local pharmacy to pick up some new medicine.)

Sang-chul: Hi, I'm here to pick up my prescription.
Pharmacist: OK. What's your name?
Sang-chul: Sang-chul Kang.
Pharmacist: And your date of birth?
Sang-chul: February 20, 2000.
Pharmacist: OK. Great. I'll be right back.

(The pharmacist goes to retrieve Sang-chul's prescription.)

Pharmacist: Alright. Do you have any questions about taking this medication?
Sang-chul: Yes. I take it in the morning and evening, right?
Pharmacist: That's right.
Sang-chul: Do I take it with food or can I take it on an empty stomach?
Pharmacist: Either is fine.
Sang-chul: I see. How about if I take the medication at different times during the day? My schedule changes all the time due to work and school.
Pharmacist: As long as each dose is taken sometime during the morning and sometime during the evening, you'll be fine.
Sang-chul: OK, thank you. Wait! I forgot to ask one last thing. I swallow the pill, right? Or is it chewable?
Pharmacist: You have to swallow it. You can't chew it. Other than that, can I assist you with anything?
Sang-chul: Yes. Where's the water purifier? I need to take it as soon as possible.

제 16 장:
증인과 인터뷰

(상철이는 집에서 지역 뉴스를 TV로 시청하고 있다.)

앵커: 당국은 용의자의 행방을 알 수 없다는 입장이다. 용의자는 18-35세의 남자이고, 키는 180cm 정도이다.
현장에서 목격했던 목격자와 인터뷰를 해보겠습니다.

(카메라가 리포터와 중년의 여성을 잡는다.)

리포터: 목격한 것을 간단하게 설명해 줄 수 있나요?
목격자: 회사에서 집으로 걸어가는데 교차로에서 누군가가 춤을 추는 것을 봤어요. 교차로에 더 가까워 지자, 그들이 말 마스크를 쓰고 속옷만 입고 있는 것이 보였어요. 잘못 본 줄 알았는데 아니었어요. 진짜 일어난 일이었어요.
리포터: 얼마동안 그랬죠?
목격자: 제가 발견하고 나서 1분 정도요.
리포터: 그 뒤엔 어떻게 됐나요?
목격자: 빠르게 인사하더니 다른 거리로 내려갔어요. 30초도 안 지나서 경찰차가 사이렌을 울리며 나타났어요.

(카메라가 스튜디오의 뉴스 앵커를 다시 잡는다.)

앵커: 지난 몇 달 동안 마스크를 쓴 댄서는 세 번째 등장하였습니다. 나타날 때마다 복면을 쓴 남자의 쇼 근처에는 수 차례의 무단 침입 범죄가 신고 되었습니다. 당국은 이 사건들의 연관성을 의심하는 중입니다.

이해를 위한 문제

1. 리포터의 동의어가 아닌 것은?
    가. 앵커
    나. 특파원
    다. 기자
    라. 목격자

2. 복면의 댄서는 무슨 복장을 하고 있나요?
    가. 속옷차림
    나. 정장
    다. 캐주얼한 정장
    라. 반정장

3. 무단침입의 동의어는 무엇인가요?
    가. 중죄
    나. 빈집털이
    다. 방화
    라. 위조

English Translation

(Sang-chul is at home watching the local news on TV.)

Newscaster: Authorities say that the suspect 's whereabouts are still unknown. What we do know is that the suspect is male, aged 18-35, and approximately 180 centimeters tall. We go now to an interview with a bystander who was a witness at the scene.

(The camera cuts to a news correspondent and a middle-aged woman.)

Reporter: Can you briefly summarize what you saw?
Witness: I was walking home from work when I noticed someone was dancing wildly at the intersection just up ahead. As I got closer to the intersection, I saw that they were wearing a large horse mask and had stripped down to their underwear. I thought there must be something wrong with my eyes, but no, that actually happened today.
Reporter: How long did this person continue?
Witness: From the time I noticed him, I would say about a full minute.
Reporter: What happened after that?
Witness: He took a quick bow and then ran down the street. No more than 30 seconds later, a few cop cars showed up with their sirens blazing loud.

(The camera cuts back to the news anchor in the studio.)

Newscaster: This marks the masked dancer's third appearance in the last few months. As with every appearance, several breaking-and-entering crimes have been reported near the masked man's show. Authorities suspect a connection between the events.

제 17 장:
그룹 만들기

(상철이는 세계사 강의를 듣고 있습니다.)

교수님: 2주 뒤에 중간고사라는 것을 잊지 마세요. 이 시험이 전체 성적의 25%를 차지합니다. 시험 준비를 아직 하지 않았으면, 지금이 제일 좋은 시간입니다. 오늘은 여기까지입니다. 남은 오후 잘 보내세요.

(학생들이 소지품을 챙겨 출구로 나간다. 다른 학생이 상철이에게 다가온다.)

학생 #1: 안녕하세요. 혹시 시험공부 스터디 모임에 관심 있으세요?
상철: 네. 물론이죠. 몇 명 있나요?
학생 #1: 방금 들어 오셨으니까, 두 명이요.
상철: 아.. 그렇군요. 음..
학생 #1: 걱정 마세요. 사람들이 가기 전에 몇 명 더 잡으면 돼요.

(상철이가 고개를 끄덕인다. 두 학생은 새로 결성된 모임에 추가할 멤버를 더 찾기 위해 헤어진다.)

상철: 안녕하세요. 중간고사 스터디 그룹 찾으세요?
학생 #2: 좋은 생각이에요. 저도 할게요.
상철: 좋아요. 이제 시간과 장소만 있으면 돼요.

(상철이와 다른 네 명의 학생이 원을 만들어 시간과 장소를 정한다.)

학생 #1: 이번 주 금요일 오후 6시에 도서관에서 만나면 될 것 같아요. 다들 괜찮나요?

(학생들이 동의하면서 고개를 끄덕이고, 연락처를 교환 후, 얼마 지나지 않아 헤어진다.)

이해를 위한 문제

1. 보통 중간고사는 언제 인가요?
   - 가. 학기 말
   - 나. 학기 중반 무렵
   - 다. 학기 초
   - 라. 임의로

2. 학생들이 스터디 그룹을 어떻게 만들었나요?
   - 가. 수업이 끝나고 반 친구들에게 물어보고 초대했다.
   - 나. 게시판에 광고를 올렸다.
   - 다. 온라인 포럼을 통해 그룹을 만들었다.
   - 라. 파티에서 다른 학생들을 초대했다.

3. 학생들이 서로 어떻게 연락 할까요?
   - 가. 원을 만들며 손을 잡았다.
   - 나. 서로 연락처를 교환했다.
   - 다. 모두 같은 아파트에 산다.
   - 라. 서로 동의하며 고개를 끄덕였다.

English Translation

(Sang-chul is attending a world history lecture on campus.)

Professor: Don't forget that midterms are coming up in two weeks. This one test counts for 25 percent of your total grade. If you haven't started preparing for the test, the best time would be now. That will be all for today. Enjoy the rest of the afternoon.

(The students start packing up their belongings and heading for the exit. Another student approaches Sang-chul.)

Student #1: Hi there. Would you be interested in doing a study group to help prepare for the exam?
Sang-chul: Sure. How many do you have so far?
Student #1: Well, now that you're in, that makes two people.
Sang-chul: Oh, I see. Uh...
Student #1: Don't worry. All we have to do is grab a few more people before they leave.

(Sang-chul nods. The two students split up to find more members to add to their newly formed group.)

Sang-chul: Hello. Are you looking for a study group for the midterm?
Student #2: That actually sounds like a good idea. I'll join.
Sang-chul: OK, great. Now we just need a time and place.

(Sang-chul and four other students stand in a circle to arrange the meeting time and place.)

Student #1: I was thinking we could meet this Friday at 6 p.m. at the library. Does that sound good with everybody?

(The students nod in agreement, exchange contact information and split up shortly after.)

제 18 장:
점심 주문하기

(상철이는 점심으로 캠퍼스의 푸드코트에서 샐러드를 주문한다.)

직원: 안녕하세요. 샐러드 익스프레스에 오신 걸 환영합니다. 무엇을 드릴까요?
상철: 안녕하세요. 가든 샐러드 주세요.
직원: 네. 시금치나 상추 중에 어떤 걸로 하시겠어요?
상철: 상추로 할게요.
직원: 어떤 야채를 얹어 드릴까요?
상철: 샐러리, 양파, 피망, 오이 주세요.
직원: 다른 토핑 원하는 것 있으세요?
상철: 네. 캐슈넛, 산딸기, 크루톤, 또띠아 스트립 주세요.
직원: 네 됐습니다. 드레싱은 어떤 걸로 해 드릴까요?
상철: 저칼로리 이탈리안 드레싱으로 주세요.
직원: 네. 과자나 음료는 어떤 걸로 드릴까요?
상철: 감자칩 한 봉지랑 다이어트 탄산음료 주세요. 이게 다에요.
직원: 네. 드시고 가세요? 포장해 드릴까요?
상철: 먹고 갈게요.

(상철이는 멀리서 100 명 정도 학생이 함께 걸어가는 것을 발견한다.)

상철: 저기 왜 사람들 저렇게 모여 있는지 아세요?

직원: 잘 모르겠어요. 오늘 캠퍼스에 집회 열리는 거랑 관련 있는 것 같아요.

이해를 위한 문제

1. 다음 중 야채가 아닌 것은 무엇인가요?
   가. 샐러리, 양파, 피망, 오이
   나. 시금치, 상추, 양상추, 케일
   다. 감자, 고구마, 옥수수, 호박
   라. 올리브, 토마토, 아보카도, 호박

2. 견과류로 간주되는 식품은 무엇인가요?
   가. 캐슈넛, 코코넛, 건포도
   나. 캐슈넛, 마카다미아 견과류, 크루톤
   다. 캐슈넛, 올리브, 호두
   라. 캐슈넛, 아몬드, 땅콩

3. 다음 중 다이어트 탄산음료에 대해 가장 잘 설명한 것은?
   가. 작은 사이즈의 탄산음료
   나. 체중 감량을 일으키는 음료
   다. 일반 탄산보다 과학적으로 입증된 더 맛있는 음료
   라. 설탕이나, 인공 감미료가 거의 없는 탄산 음료

English Translation

(Sang-chul finds himself ordering a salad for lunch at the food court on campus.)

Employee: Hi. Welcome to Salad Express. What can I get you?
Sang-chul: Hello. I'd like to order a garden salad.
Employee: OK. Would you like spinach or lettuce?
Sang-chul: I'll take lettuce.
Employee: And which vegetables would you like on it?
Sang-chul: Celery, onion, green peppers, and cucumbers, please.
Employee: OK. And would you like any other toppings?
Sang-chul: Yeah. Let's go with cashews, raspberries, croutons, and tortilla strips.
Employee: Done and done. And which dressing can I get you?
Sang-chul: I'll have the low-calorie Italian, please.
Employee: Alright. Would you like any snacks or drinks with your order?
Sang-chul: I'll take a bag of chips and a diet soda. That will be it for me.
Employee: OK. Will this be for here or to go?
Sang-chul: For here.

(Sang-chul notices a large gathering of more than 100 students walking off together in the distance.)

Sang-chul: Hey, any idea what's going on with that crowd over there?
Employee: Oh, I'm not sure. My guess is that it has something to do with the rally on campus today.

제 19 장:
공부시간

(상철이는 역사 수업을 듣는 4명의 친구와 노트를 공유하고 중간고사 준비를 위해 모였다.)

학생 #1: 시험은 객관식 20개와 논술 시험이에요.

학생 #2: 맞아요. 논술 문제가 시험 성적의 50%에요. 자 그럼, 이번 논술 문제가 뭔지도 알 수 있을까요?

학생 #1: 아뇨, 그래도 우리가 한번 맞춰 볼 수 있을 거예요. 좋은 생각 있으세요?

상철: 로마 제국과 율리아르카이사르에 대해 나오지 않을까요? 교수님이 그 주제 굉장히 좋아했잖아요.

학생 #2: 그럴지도요. 전 알렉산더 대왕을 생각했는데. 교수님이 알렉산더 대왕 삶에 대해 강연을 많이 쏟았어요.

학생 #3: 우리 전부 알렉산더 대왕에 대해 엄청 열심히 공부했는데, 징키스칸이 논술 주제로 나오면 어떻게 될까요?

상철: 만약에 그 세 개 모두가 질문이면 어쩌죠?

(다섯 명이 웅성거리며 동의한다.)

학생 #1: 바로 이거야. 그 강의는 제국 지도자들의 영향력에 대해 초점을 맞추고 있어요.

학생 #4: 방해해서 죄송한데. 그래서 제국에 대한 문제인 거에요? 아니면 지도자에 대한 문제라는 거예요?

상철: 그거 정말 답변하기 어려운 질문이네요.

이해를 위한 문제

1. 중간고사 시험은 어떻게 출제되는가?
   가. 문제는 20개이며, 일부는 객관식이고 일부는 논술문제이다.
   나. 문제는 20개이며 대부분은 객관식이고 한 개의 논술문제이다.
   다. 다양하게 답변할 수 있는 20개의 논술 문제이다.
   라. 20개의 질문으로 이루어져 있다.

2. 이번 대화에서 어떤 세 명의 지도자가 언급 되었나요?
   가. 로마 제국, 마케도니아 제국, 몽골 제국
   나. 상철, 종석, 경화
   다. 알렉산더 대왕, 나폴레옹 보나파르트, 교수님
   라. 율리우스 카이사르, 알렉산더 대왕, 징기스칸

3. 왜 중간고사 논술 문제가 중요한가요?
   가. 기말고사가 없기 때문이다.
   나. 성적의 반을 차지하기 때문이다.
   다. 교수님이 객관식을 싫어하기 때문이다.
   라. 시험 문제가 그것 뿐이기 때문이다.

English Translation

(Sang-chul and four other students from his history class have gathered to share notes and prepare for the midterm.)

Student #1: So, we know that the test will be 20 multiple-choice questions followed by an essay question.

Student #2: Right. And the essay question is 50 percent of the exam's grade. Now, do we have any idea what the essay's question topic will be?

Student #1: No, but we might be able to guess. Any ideas?

Sang-chul: I wonder if it will be on the Roman Empire and Julius Caesar. The professor really likes that topic.

Student #2: Maybe. I was thinking it's going be on Alexander the Great. The professor spent a lot of lectures on the details of his life.

Student #3: What if we all studied real hard on Alexander the Great, and then Genghis Khan turned out to be the essay topic?

Sang-chul: What if the question is on all three?

(The five students hum simultaneously in agreement.)

Student #1: That's gotta be it. The lectures focus on the influence of the empire's leaders.

Student #4: I'm sorry to interrupt. Do you mean that the essay question will be on empires or the leaders?

Sang-chul: That's a good question. Hard to say.

제 20 장:
외국에서 온 친구

(5명의 학생들은 지금 복습을 하다가 휴식을 취하는 중이다. 상철이는 이 기회에 외국인 학생들에 대해 더 알아보기로 한다.)

상철: 이름이 뭐예요?

린: 제 이름은 린이에요. 반가워요.

상철: 반가워요. 원래 어디에서 오셨어요?

린: 중국에서 왔어요. 경영학과 경제학을 공부하려고 한국에 왔어요.

상철: 그래요? 잘 돼가요?

린: 음.. 어려워요. 공부가 더 필요해요.

상철: 저도 그래요. 공부하면 할수록 기분이 더 안 좋아져요. 모두에게 힘든 일이에요.

린: 음.. 아마 여행이 도움이 될지도 몰라요. 해외로 여행 가 본 적 있어요?

상철: 아뇨.

린: 완전 추천해드려요. 세상에 관해서, 그리고 자신에 관해서도 많이 배울 수 있어요. 자기가 뭘 원하는지 알아내는 데 도움이 될 거예요.

상철: 괜찮은 것 같네요.

린: 언제든 중국에 오세요!

상철: 중국어 배우는 건 좀 어려울 것 같아요. 사실 유럽을 생각하고 있었어요.

이해를 위한 문제

1. 린은 한국에 왜 왔나요?
    가. 경영학과 경제학을 공부하기 위해
    나. 한국에서 창업하려고
    다. 경제학과 커뮤니케이션에 대해 공부하려고
    라. 기업 및 경제 컨설팅 회사를 설립하기 위해

2. 상철이는 전에 여행을 어디에 가 봤나요?
    가. 중동
    나. 호주
    다. 남극
    라. 아무 곳도 안감

3. 세계를 여행하는 것은 모든 것이 가능합니다. 이것을 제외하고.
    가. 자신을 알게 되는 것
    나. 세상에 대해 알게 되는 것
    다. 중간고사 논술 문제가 무엇인지 알아내도록 도와
    라. 진정으로 원하는 것이 무엇인지 알게 도와줌

English Translation

(The five students are currently on a break from reviewing. Sang-chul takes this opportunity to learn more about the foreign student in the group.)

Sang-chul: So, what's your name?
Lin: My name is Lin. Nice to meet you.
Sang-chul: Nice to meet you. Where are you from originally?
Lin: I'm from China, but I came to Korea to study business and economics.
Sang-chul: Oh yeah? How's that coming along?
Lin: Um, it's hard. I need to study more.
Sang-chul: Same here, but the more I study, the more lost I feel. It's hard for all of us.
Lin: Hmm, maybe some traveling could help. Have you ever traveled outside of your country?
Sang-chul: No.
Lin: I definitely recommend it. You learn so much about the world and yourself, too. It might help you find out what you really want.
Sang-chul: I like the sound of that.
Lin: You could always come to China!
Sang-chul: Learning Chinese sounds a little too hard. I was thinking about Europe, actually.

제 21 장:
포근한 집

_____

(상철이는 이제 막 교대 근무를 마치고 집에 갈 준비를 하면서 경화에게 질문을 한다.)

상철: 혹시, 해외 가본 적 있어요?

경화: 응, 오래전에.

상철: 오 그래요? 어디로요?

경화: 스웨덴. 몇 달 동안 그곳에서 가족들을 만났어.

상철: 그래요? 어땠어요?

경화: 아주 좋았지. 근데 정말 추웠어! 모두 긴 팔 셔츠 정도만 입고 있을 때, 난 무거운 코트를 입어야 했어. 진짜 미쳤어!

상철: 추운 와중에도 즐겁긴 했나요?

경화: 너무 좋았지. 항상 산에 올라갔어. 내가 살면서 본 곳 중에 가장 아름다운 곳이었어.

상철: 와. 그럼 왜 더 오래 살지 않았어요?

경화: 난 한국에서 자랐고, 여기가 내 집이라는 걸 알게 되었어. 여기가 내가 있어야 할 곳이야.

상철: 저는 잘 모르겠어요. 여긴 지루해요. 사실 여행을 좀 할까 생각 중이에요.

경화: 그래? 어디로?

상철: 모르겠어요. 아마 유럽이요.

경화: 꼭 해보렴. 세상이 완전 새롭게 보여질 거야.

상철: 해외 유학 프로그램이라도 참여해야 할까요?

경화: 나라면 그럴 것 같아. 너무 늦기 전에 하렴. 결혼하고 아기도 낳으면 끝이야! 그때부터 네 삶은 없는 거야.

이해를 위한 문제

1. 경화는 스웨덴에서의 시간을 어떻게 생각하나요?
   가. 극도로 추웠지만, 여행을 정말 좋아했다.
   나. 모든 것을 싫어했다.
   다. 모든 경험에 무관심했다.
   라. 향수병에 걸리기도 했지만 대체로 좋은 시간을 가졌다.

2. 왜 경화는 한국으로 돌아 왔나요?
   가. 스웨덴이 너무 추워서.
   나. 자기가 속해있는 곳이라 느껴서.
   다. 스웨덴의 세금이 너무 높아서.
   라. 한국이 가정을 꾸리기에 더 좋아서.

3. 외국에 살면서 외국 학교에서 학생으로 있는 것을 뭐라고 하나요?
   가. 인생을 사는 것
   나. 해외 동포
   다. 유학
   라. 새로운 관점을 가지는 것

English Translation

(Sang-chul has just finished his shift at work and is getting ready to go home when he asks Kyung-hwa a question.)

Sang-chul: Hey, Kyung-hwa. Have you ever traveled abroad?

Kyung-hwa: Yeah, but it was a long time ago.

Sang-chul: Oh yeah? Where to?

Kyung-hwa: Sweden. I visited family there for a few months.

Sang-chul: Really? How was it?

Kyung-hwa: Very cold. Good god, it was cold! I had to wear a heavy coat while everyone else was wearing just long-sleeved shirts. It was crazy!

Sang-chul: Did you have fun while you were freezing at least?

Kyung-hwa: I loved it there. I went hiking all the time in the mountains. It was the most beautiful place I've ever seen.

Sang-chul: Wow. Why not live there longer, then?

Kyung-hwa: I grew up here in Korea. I've learned that this is my home. It's where I belong.

Sang-chul: I'm not sure I feel the same. It's boring here. I've been thinking about doing some traveling myself, actually.

Kyung-hwa: Oh? Where to?

Sang-chul: No idea. Maybe Europe.

Kyung-hwa: You definitely should. It will give a whole new perspective on the world.

Sang-chul: Yeah. I wonder if I should do a study abroad program?

Kyung-hwa: I would. Do it before it's too late. Once you get married and have kids, it's game over! Forget about having a life at that point.

제 22 장:
아이스크림 타임

(게임을 잠깐 쉬는 동안 상철이와 종석이는 밖으로 나가 아이스크림을 먹으면서 공원을 잠시 걷도록 한다.)

상철: 와, 오늘 날씨 정말 좋다.

종석: 그러네, 안에서 게임하기 완벽한 날씨네.

상철: 날씨가 어떻든 간에 그렇게 말할 것 같네.

종석: 물론이지! 이 아이스크림도 맛있어. 이 딸기 맛 너무 좋아!

상철: 딸기도 나쁘지 않아. 근데 난 항상 바닐라나 초콜릿을 선택하게 돼. 실패를 안 하거든.

종석: 지금은 뭐 샀어?

상철: 이번엔 바닐라 샀어.

종석: 세 가지 맛이 한꺼번에 있는 아이스크림은 왜 팔지 않을까?

상철: 초콜릿이랑 딸기랑 바닐라를?

종석: 응! 이름 까먹었다. 나폴레옹 맛 이었나?

상철: 나폴리탄.

종석: 맞아. 잠깐 나폴레옹인 줄 알았어.

상철: 바보 같아.

종석: 어느 때나 세계의 절반을 정복하면, 나폴레옹 컴플렉스처럼 자기 이름을 딴 것들이 많이 생기는 것 같아.

상철: 사실이야. 근데 잠깐만. 징기스칸의 이름을 딴 것은 왜 생각나지 않는 걸까?

이해를 위한 문제

1. 게임을 쉬는 동안 상철이와 종석이는 무엇을 했나요?
   가. 휘핑 크림을 사서 공원에서 조깅을 했다.
   나. 면도 크림을 사서 공원을 산책했다.
   다. 아이스크림을 사서 공원을 산책했다.
   라. 역사 공부하는데 시간을 사용했다.

2. 나폴리탄 아이스크림은 어떤 세가지 맛을 포함하나요?
   가. 카카오, 블루베리, 바닐라
   나. 초콜렛, 딸기, 바닐라
   다. 초콜렛, 딸기, 바니쉬
   라. 코코아, 딸기, 바니쉬

3. 종석이의 말에 따르면, 세상의 절반을 정복하면..
   가. 자기 이름을 딴 것들이 많이 생긴다.
   나. 자기 이름을 딴 것들이 없어진다.
   다. 많은 것들이 이름을 지어준다.
   라. 자기 이름이 사라진다.

English Translation

(While taking a break from video games, Sang-chul and Jong-seok decide to go out for ice cream and take a walk through the park.)

Sang-chul: Wow, the weather is perfect today.

Jong-seok: Yup, perfect for staying inside and gaming.

Sang-chul: I have a feeling you would say that no matter what the weather is.

Jong-seok: But of course! Also, this ice cream is amazing. This strawberry flavor is so good!

Sang-chul: Strawberry's not bad. But I always end up choosing vanilla or chocolate. You can't go wrong with either.

Jong-seok: Which did you get just now?

Sang-chul: I went with vanilla this time.

Jong-seok: Ah. I wonder if they sell that ice cream in all three flavors.

Sang-chul: You mean chocolate, strawberry, and vanilla?

Jong-seok: Yeah! I forgot the name of it. Uh, was it Napoleon flavor?

Sang-chul: Neapolitan.

Jong-seok: Oh yeah. I thought it was Napoleon for a second.

Sang-chul: Now that would just be silly.

Jong-seok: When you conquer half of the world at any given point in time, you tend to have a lot of things named after you, like the Napoleon complex.

Sang-chul: That is true. But wait. That makes me wonder. Why can't I think of anything named after Genghis Khan?

제 23 장:
현실도피

(상철이와 종석이는 게임을 끝내고 대화를 하고 있다.)

종석: 해외로 나갈 거면 꼭 일본으로 가야 해. 이건 필수야.

상철: 잘 모르겠어. 일본어는 너무 쉬울 것 같아.

종석: 바로 그거야. 생각해봐. 일본에 나온 모든 최신 게임이랑 애니메이션을 즐길 수 있어. 완전히 빠질꺼야.

상철: 애니메이션이랑 만화는 멋지지만, 아시아를 벗어나서 어디론가 멀리 가고 싶어.

종석: 서구권 언어는 어려워. 언어가 너무 어려워서 포기하면 어떡해? 일본어는 확실히 할 수 있을 것 같아.

상철: 그럴지도.. 가능성은 있어. 그런데 일본어가 그렇게 좋으면 거기 가서 살지 그래?

종석: 내가 공부하고 싶은 유일한 것은 보스를 어떻게 이기느냐 뿐이야.

상철: 너 미래는 고민 안 하니?

종석: 그건 미래의 내가 고민할 거야.

상철: 항상 미루는 새로운 방법을 잘도 생각해 내는구나. 대단하다.

종석: 그냥 내가 똑똑한 거야.

상철: 널 어떡하면 좋니?

종석: 보스 깨는 거 도와주면 돼.

(상철이는 긴 한숨을 쉬며 고개를 젓는다. 몇 초의 침묵이 흐른 뒤, 다시 게임할 준비를 하며 마우스와 키보드 위에 손을 얹는다.)

이해를 위한 문제

1. 언어 몰입 교육은 어떤 내용인가요?
   가. 물속에 잠긴 채 언어를 배운다.
   나. 언어에 끊임없이 노출 되며 언어를 학습한다.
   다. 몰입형 가상현실을 통해 언어를 학습한다.
   라. 관광을 통해 언어를 배운다.

2. 왜 종석이는 상철이가 일본에 가야 한다고 생각하나요?
   가. 중국보다 훨씬 좋아서.
   나. 일본어가 배우기 쉽고, 일본에서 나오는 최신 애니메
      이션과 게임을 즐길 수 있어서.
   다. 일본어가 배우기 가장 어려워서.
   라. 서양 언어가 너무 지루해서.

3. 이번 장에서 상철이는 종석이를 어떻게 생각할까요?
   가. 상철이가 일본에 가도록 집요하게 설득했다.
   나. 미루는 새로운 방법을 생각해 냈다.
   다. 게임에서 보스를 이길 새로운 방법을 생각해 냈다.
   라. 상철이가 만난 사람 중 가장 이상한 사람이다.

English Translation

(Sang-chul and Jong-seok are chatting after finishing a gaming session.)

Jong-seok: If you're going to go abroad, you have to go to Japan. It's a must.

Sang-chul: I don't know. It seems like Japanese would be too easy.

Jong-seok: Exactly. Think about it. You get to enjoy all the latest games and anime the day they come out in Japan. You'll be completely immersed.

Sang-chul: Anime and manga are cool, but I think I want to travel somewhere far away and outside of Asia.

Jong-seok: Western languages are hard, man. What happens if the language becomes too hard and you give up? It just seems like Japan is a guaranteed win.

Sang-chul: Maybe. It's a possibility. But if Japan sounds so good, why don't you go and study there?

Jong-seok: The only thing I want to study is how to beat this boss we keep dying to.

Sang-chul: Don't you worry about your future?

Jong-seok: That's future me's problem.

Sang-chul: You think of new ways to procrastinate every day, I swear. It's impressive, actually.

Jong-seok: I'm just that smart.

Sang-chul: What am I going to do with you?

Jong-seok: Help me beat this boss, of course.

(Sang-chul lets out a long sigh and shakes his head slowly. After a few seconds of silence, he puts his hands back on the mouse and keyboard, ready to play again.)

제 24 장:
자동차 수리

(상철이의 차가 요즘 이상하다. 문제를 찾고 해결하기 위해 동네 정비소에 갔다.)

정비사: 안녕하세요. 뭐 때문에 왔어요?

상철: 안녕하세요. 제 차가 정상이 아니에요. 신호 때문에 멈추면 차 전체가 진동이 있고, 움직이면 진동이 멈춰요. 그 것 말고는 괜찮아요.

정비사: 알겠어요. 잠깐 보고, 테스트해볼게요. 그동안 휴게실에 잠깐 앉아 계세요. 준비되면 데리러 올게요.

상철: 네. 감사합니다.

(상철이가 TV를 보고 라운지에서 커피 한잔을 만드는 동안, 정비사는 차의 후드를 열고 자세히 살펴본다. 30분쯤 지나자 정비사가 전화를 걸어온다.)

정비사: 기본적인 것들을 확인해 봤는데요. 기름도 괜찮고, 변속기도 괜찮고, 타이어도 괜찮고, 배터리도 문제 없습니다. 다른 곳에서도 새는 곳은 없습니다. 점화 플러그 문제인 것 같습니다.

상철: 오. 다행이네요! 전 트랜스미션 문제인 줄 알았어요.

정비사: 아뇨. 아니에요. 오늘 특별히 모든 점화 플러그랑 실린더를 교체해 드릴 수 있는데 괜찮으세요?

상철: 실린더도 교체해야 하나요? 비용은 얼마나 들어요?

정비사: 이 구형 모델을 업그레이드하면 훨씬 오래 사용 가능할 거에요. 풀 튜닝 하면 50만 원이 나올 겁니다.

상철: 세상에나.. 감당 가능한지 잘 모르겠어요. 전화 한 통 빨리해도 될까요?

이해를 위한 문제

1. '정상이 아니다'와 동의어는 무엇인가요?
   가. 이상하다
   나. 조용하다
   다. 잘 작동하다
   라. 빠르다

2. 상철이 차의 어떤 것이 가장 큰 문제인가요?
   가. 점화 플러그가 고장남
   나. 트랜스미션이 고장남
   다. 타이어가 펑크남
   라. 실린더가 원통이 아니다

3. 정비사가 왜 업그레이드를 권장하나요?
   가. 상철이의 친구가 되려고
   나. 잠재적으로 오래된 차를 더 오래 탈 수 있게 도와주기 때문에
   다. 새차 냄새가 나게할수 있기 때문에
   라. 드래그 레이싱이 가능하게 하기 때문에

English Translation

(Sang-chul's car has been acting strange lately. He has brought it to a local mechanic to help diagnose and solve the problem.)

Mechanic: Hi there. What can I do for you today?

Sang-chul: Hello. My car has been acting up lately. When I stop at a traffic light, the whole car starts vibrating. As soon as I start moving, however, the vibrating stops. Other than that, the car has been running fine.

Mechanic: OK, I see. Let me take a quick look at it and give it a brief test run. In the meantime, have a seat over there in the lounge area. I'll come and get you when I'm ready.

Sang-chul: Alright. Thanks.

(While Sang-chul watches TV and makes himself a cup of coffee in the lounge area, the mechanic opens the hood of the car and takes a closer look at the problem. After around 30 minutes, the mechanic calls Sang-chul to the front desk.)

Mechanic: So, I checked the basics. I found that your oil is good. Your transmission is good. The tires are fine. The battery has no issues. There's no leakage anywhere. So, it's most likely a spark plug issue.

Sang-chul: Oh, that's good news! I thought it was the transmission.

Mechanic: Nope. Not at all. Now, we can replace all the spark plugs and cylinders for you today. Would you be OK with that?

Sang-chul: You need to replace the cylinders too? How much will that cost?

Mechanic: Well, the upgrade for this older model would keep your car running much longer. If we do the full tune-up, it will come to a total of 500,000 won.

Sang-chul: Oh my god! I'm not sure I can afford that. Can I make a phone call real quick?

제 25 장: 차선책

(상철이는 엄마와 전화하고 있다.)

엄마: 여보세요?

상철: 엄마. 자동차 정비소에 왔는데 수리비를 낼 수 있을지 모르겠어요.

엄마: 얼만데?

상철: 50만 원요.

엄마: 어이구. 뭐가 문제야? 뭘 고치려고 해?

상철: 점화 플러그랑 아마도 실린더 문제래요.

엄마: 그것 전부 고치는데 50만 원 안들어. 10만 원 이하로 다 바꿀 수 있어.

상철: 근데 차가 더 잘 달릴 수 있게 업그레이드 해준다고 했어요.

엄마: 그걸 기회주의자라고 하지. 대부분의 사람이 차에 대해 잘 모르는 것을 알아서 가격을 올려 받으려고 비싼 서비스를 해주는 거야. 전혀 필요 없는 거야.

상철: 알겠어요. 그럼 자동차 부품은 어디서 구하죠?

엄마: 인터넷으로 주문하면 더 싸. 오늘 밤에 하자.

상철: 그럼 되겠네요. 종석이에게 뭐라고 해야 할지 모르겠어요. 내일 일하러 갈 때 차를 타고 가고 싶어 했거든요.

엄마: 종석이 취직했어?

이해를 위한 문제

1. 상철이 엄마는 정비사에 대해 어떻게 생각하나요?
   가. 상철이가 그 기회를 잡아야 한다고 생각한다.
   나. 다른 정비사에게서 더 나은 거래를 할 것이라 생각한다.
   다. 상철이 정비사를 이용한다고 생각한다.
   라. 상철이가 이용당하고 있다고 생각한다.

2. 당신이 자동차에 잘 안다는 말은..
   가. 자동차에 대한 지식과 경험이 거의 없다는 뜻.
   나. 당신이 잘 속는다는 뜻.
   다. 자동차에 대한 많은 지식과 경험이 있다는 뜻.
   라. 자동차에 관해서 잘 속는다는 뜻.

3. 종석이는 내일 어떻게 출근하나요?
   가. 상철이가 데려다 줄 것이다.
   나. 종석이는 새로운 직장에서 일할 것이다.
   다. 종석이는 운전해서 출근할 것이다.
   라. 어떻게 출근하는지 알 수 없다.

English Translation

(Sang-chul is on the phone with his mom.)

Mom: Hello?

Sang-chul: Hi, Mom. I'm here at the car shop and was wondering if we have enough money to cover the repairs.

Mom: How much is it?

Sang-chul: Uh, 500,000 won.

Mom: Oh lord. What is the issue? What are they replacing?

Sang-chul: They said it's the spark plugs and possibly the cylinders.

Mom: Honey, that does not cost 500,000 won to fix. We could change all of that for less than 100,000 won.

Sang-chul: But they offered their tune-up service to make sure the car runs better.

Mom: That's called taking advantage of people *(The literal translation would be "that's called being an opportunist")*. Mechanics know most people are not car-savvy, so they offer all kinds of expensive services to drive up the price. It's all unnecessary stuff you don't need.

Sang-chul: Oh, OK. So, where should we get the car parts?

Mom: It's cheaper to order them online. Let's do that tonight.

Sang-chul: That works. And, uh, I'm not sure what to tell Jong-seok. He wanted a ride to work tomorrow.

Mom: Jong-seok got a job?

제 26 장:
둥지 떠나기

(차를 고친 후, 상철이와 엄마는 차를 마시고 과자를 먹으면서 휴식을 취한다.)

상철: 생각보다 나쁘지 않네요. 훨씬 힘들거라고 생각했어요.
엄마: 말했잖니!
상철: 자동차에 관한 건 어디서 배웠어요? 아빠?
엄마: 아니지. 혼자 널 키우면서 살아남으려면 많은 걸 배워야 했단다. 할 수 있다면 비용을 최소화 해야 해.
상철: 아빠가 전자기기 수리도 잘하고, 다른 기계도 잘해서 그것도 잘 할거라 생각했어요.
엄마: 떠나기 전에 그 중 몇 가지는 가르쳐 줄 수도 있었을 텐데.
상철: 그러게요. 그러지 않았네요. 오래전 일이잖아요?
엄마: 10 년 정도 지났지.
상철: 뭐 어찌 됐건 간에. 대학 관련해서 뭘 하고 싶은지 결정한 것 같아요.
엄마: 그래 뭔데?
상철: 유학 해보고 싶어요.
엄마: 그래? 어디로?
상철: 아직 정하진 않았는데, 유럽 어딘가로 가고 싶어요.
엄마: 뭐 때문에 유럽을 가기로 결정했니?
상철: 혼자 스스로 나가서 아무 여행이라도 시작해야 할 것 같은 느낌이 들어요.
엄마: 우리나라에서도 그렇게 할 수 있단다. 좋은 회사에 취직해서 열심히 일하렴.

(상철의 긴 침묵이 방 안을 가득 메우고 입술을 꼭 다문 채 창 밖을 쳐다본다.)

엄마: 만약 가고 싶으면 돈을 낼 방법을 찾아야 할 거야. 등록금 때문에 이미 돈이 없단다.
상철: 그럼 방법을 찾아봐야겠어요.

이해를 위한 문제

1. 상철의 엄마는 어디에서 차 수리에 대해 배웠나요?
    가. 상철이의 아빠로부터
    나. 돈을 아끼기 위해 독학했다.
    다. 정비사로 일을 한다.
    라. 싱글맘은 모두 차 수리를 할 줄 안다.

2. 상철이의 아빠는 어떤 수리에 능숙했나요?
    가. 전기장비
    나. 전기기사
    다. 전자기기
    라. 전기

3. 상철이는 왜 여행을 가려고 하나요?
    가. 아빠를 찾으려고
    나. 혼자 나가서 견문을 넓히는 여정을 위해서
    다. 자기 인생의 사랑을 찾으려고
    라. 엄마에게 감동을 주려고

English Translation

(After fixing the car, Sang-chul and his mom relax by having some tea and eating some snacks.)

Sang-chul: That actually wasn't too bad. I thought it would be much harder than it was.

Mom: I told you so!

Sang-chul: Where did you learn all that stuff about cars? From Dad?

Mom: Absolutely not. I had to learn a lot on my own to survive as a single mom. You have to cut costs whenever you can.

Sang-chul: I figured that because he was good with electronic repairs he was also good with other kinds of machines.

Mom: He could have at least taught you some of that before he left.

Sang-chul: Yeah, well, he didn't. And that was a long time ago, right?

Mom: It's been about 10 years now.

Sang-chul: So, anywho, I think I've decided what I want to do college-wise.

Mom: Oh, what's that?

Sang-chul: I want to try studying abroad.

Mom: Oh. Where?

Sang-chul: I haven't decided yet, but I'm thinking somewhere in Europe.

Mom: What made you decide to travel?

Sang-chul: I feel like I have to go out on my own and start some sort of journey.

Mom: You could do that in this country, too. Just get a job at a good company and work your way up.

(Sang-chul shuts his lips tightly and stares out the window as a long pause of silence fills the room.)

Mom: If you want to go, you'll have to find a way to pay for it. With your tuition fees, we're already strapped for cash as-is.
Sang-chul: Then I'll have to find a way.

제 27 장:
특진

(상철이는 피자 가게에서 경화와 승진에 관해 협상중이다.)

경화: 확실해 이거? 100% 확신하지 않으면 하지 마.

상철: 전 100% 확신해요. 어떻게든 돈을 마련해야 하고, 또 점장님이 휴식을 취하게 해줄 거에요.

경화: 네가 매니저가 되면 받는 스트레스를 감당할 수 있을지 걱정돼. 직장에서의 책임감과 학업이 널 힘들게 만들 거야.

상철: 금방 승진시켜주겠다고 했잖아요? 그렇죠?

경화: 난 네가 정말로 그 자리를 원할지 몰랐어.

상철: 저도 최근까진 그랬어요. 지금 제 삶에 진전이 없는 것 같아서 해외여행 갈 돈을 모아서 바꿔봐야겠어요.

경화: 1년 뒤에 떠난다고 했지?

상철: 네 맞아요.

경화: 일 년만이라도 매니저가 없는 것보다는 임시로라도 매니저가 있는 게 좋겠어. 그럼 그렇게 알고, 매니저가 된 걸 환영해.

(경화 흔쾌히 손을 내밀고 상철이는 자신 있게 손을 내밀어 그녀의 손을 맞잡고 서로 악수한다.)

경화: 사무실 보여줄게.

상철: 좋아요.

(상철이는 엄청난 양의 서류 뒤의 숨겨진 책상 위에 놓인 10대 소녀의 사진 액자를 발견한다.)

경화: 직원들을 감독하는 일이 매니저로서 가장 많이 해야 할 일이야. 넌 사람을 잘 대하지. 그래도 내가 충고하자면, 이건 완전 다를 거야!

이해를 위한 문제

1. 어떤 것이 당신을 힘들게 한다는 말은..
   가. 수수료를 내게 한다는 뜻
   나. 돈을 준다는 뜻.
   다. 에너지를 소모시킨다는 뜻.
   라. 에너지를 얻는다는 뜻.

2. 뭔가를 금방 한다는 것의 의미는..
   가. 겁에 질린 상태로 한다는 뜻.
   나. 즉시 하게 한다는 뜻.
   다. 패닉상태로 한다는 뜻.
   라. 열정적으로 한다는 뜻.

3. 경화의 사무실 책상에는 무엇이 있나요?
   가. 서류 더미와 액자
   나. 서류 더미와 10 대
   다. 현금 더미와 경화의 자화상
   라. 피자 박스와 불에 탄 치즈

English Translation

(Sang-chul is at the pizza shop, negotiating a promotion to a management position with Kyung-hwa.)

Kyung-hwa: Are you sure about this? Don't do it unless you're 100 percent sure.

Sang-chul: I'm 100 percent sure. I have to come up with money somehow, and this will also allow you to take time off.

Kyung-hwa: I'm worried about whether or not you can handle the new level of stress that comes with being a manager. The responsibility of the job plus your schoolwork will take a toll on you over time.

Sang-chul: You said you'd promote me in a heartbeat, didn't you?

Kyung-hwa: I didn't think you'd actually want the job.

Sang-chul: Neither did I until recently. I feel like my life isn't going in any direction right now, so I need to change that by saving money to travel abroad.

Kyung-hwa: You said that you'll leave a year from now to do that?

Sang-chul: That's right.

Kyung-hwa: Well, even if it's just a year, I'd rather have a temporary manager than no manager at all. So, with that said, welcome aboard Manager Sang-chul.

(Kyung-hwa gladly extends her hand and Sang-chul confidently puts out his to meet hers. They shake hands.)

Kyung-hwa: Let me show you around the office.

Sang-chul: Sure thing.

(Hidden behind the massive stacks of paperwork, Sang-chul notices a framed picture of a teenage boy, which is sitting on the desk.)

Kyung-hwa: I think the best place to start is what you'll be doing the most as a manager here, which is supervising the staff. You tend to be pretty good at handling people, but let me tell you, this is a whole other level!

제 28 장:
무료 상담

(상철이는 상담실에서 유학 프로그램에 대해 알아보고 있다.)

상담사: 해외여행 해본 적 있니?

상철: 없어요.

상담사: 그럼 이 프로그램에 참여해서 뭘 얻으려고 하는 거니?

상철: 유학이 세상에서 제 자리를 찾는 데 도움을 줄 것 같아요.

상담사: 나도 그러리라 생각해. 그럼 외국어를 공부하고 배울 의향이 있니?

상철: 당연하죠.

상담사: 새로운 언어를 배운 경험이 있니?

상철: 그냥 학교랑 학원에서 영어 공부요.

상담사: 그렇구나. 우리 프로그램에 대해 궁금한 거 있어?

상철: 어쩌다가 상담사가 되셨는지 궁금해요.

상담사: 음.. 난 대학 때 아일랜드로 유학을 하러 갔고 그 모든 순간이 너무 좋았어. 그 결과로 난 다른 사람들이 살면서 적어도 한 번은 같은 경험을 할 수 있게 돕고 싶었어.

상철: 오 멋지네요. 다른 질문 해도 괜찮아요?

상담사: 그럼. 어떤 거니?

상철: 외국에 있으면서 향수병에 걸린 적 있어요?

상담사: 당연하지! 하지만 인생을 바꿀만한 경험을 하는 데 비하면 아무것도 아니야. 이런 말이 있어. 진정으로 의미 있는 것을 얻기 위해선 뭔가를 희생해야 한다.

이해를 위한 문제

1. 상철이는 유학 프로그램에 참여해서 뭘 얻기를 원하나요?
   가. 세상에서 자신의 위치를 찾는 것
   나. 세상을 찾는데 도움을 받기 위해
   다. 스스로를 세상에 두기 위해
   라. 자신의 세상에 자기를 두기 위해

2. 상철이는 어떤 외국어 공부 경험이 있나요?
   가. 외국어를 배운 적이 없다.
   나. 외국어를 배우는데 검은 띠를 가지고 있다.
   다. 학교와 학원에서 영어수업을 들었다.
   라. 어렸을 때 합기도 수업을 들었다.

3. 향수병의 의미가 무엇인가요?
   가. 외국에 살면서 고향을 그리워하는 것
   나. 외국에 살면서 고향이 지긋지긋해 지는 것
   다. 집에서 사는 것이 싫어지는 것
   라. 아파서 결근 하는 것

English Translation

(Sang-chul is at the counselor's office to find out more about the study-abroad program.)

Counselor: Have you ever traveled outside the country?

Sang-chul: I have not, ma'am.

Counselor: OK. And what do you expect to gain by participating in our program?

Sang-chul: I think studying abroad will help me find my place in the world.

Counselor: I think it absolutely can. Now, are you willing to study and learn a foreign language?

Sang-chul: Of course.

Counselor: Do you have any experience learning a new language?

Sang-chul: Just English classes at school and hagwons.

Counselor: Very well. Do you have any questions for me about our program?

Sang-chul: I'm curious. How did you end up as a counselor here?

Counselor: Oh! Well, I went on my own study abroad trip to Ireland during college and loved every second of it. As a result, I wanted to help others have that same experience at least once in their lives.

Sang-chul: Ah, that's cool. Can I ask another question?

Counselor: Sure. What is it?

Sang-chul: Did you ever get homesick while abroad?

Counselor: Of course! But it's nothing in comparison to having a life-changing experience. There's a saying that sums it up quite nicely. In order to truly gain anything meaningful, something must be sacrificed.

제 29 장:
폴리그롯과의 인터뷰

(상철이는 유튜브에서 동영상을 시청하면서 언어 학습에 대해 좀 더 알아보고 있다. 특히 한 편의 영상이 눈에 띈다. 8개 국어를 배우게 된 계기에 대해 말하는 폴리그롯과의 인터뷰 내용이다.)

인터뷰 진행자: 학교에서 이런 언어들을 하나도 배우지 않았다는 건가요?

폴리그롯: 네 맞아요. 영어가 제가 처음 배운 언어입니다. 초등학교 때 영어 수업을 들었는데 단어나 문법만 외우는 기분이었어요. 수업이 제가 영어로 말하거나 원어민처럼 말하는데 도움이 되지 않았습니다.

인터뷰 진행자: 그럼 그런 것들은 어떻게 배우셨어요?

폴리그롯: 대학 시절에 자유 시간이 굉장히 많았습니다. 학교 끝나면 TV와 영화를 보고 게임을 하는 했는데 그런 것들에 지루해지고, 좀 더 나만의 시간을 가지고 도전적인 일을 하기로 마음먹었습니다. 그래서 한글 자막 없이 오직 영어로만 TV 쇼와 영화를 보면서 시간을 보냈습니다.

인터뷰 진행자: 와.. 처음에는 얼마나 이해했나요?

폴리그롯: 사실상 0 이요. 처음엔 굉장히 힘들었지만 재밌기도 했어요. 며칠을 더 보고 나서, 특정한 단어나 구절들이 반복된다는 사실을 깨달았어요. 그것들을 공책에 적고 매 쇼가 끝나고 나서 인터넷으로 찾아봤어요. 그런 과정을 계속 반복했습니다. 몇 달 뒤에 TV와 영화의 90% 정도를 이해할 수 있게 되었습니다. 얼마 지나지 않아서 대화가 아주 자연스럽게 들렸습니다. 그런 과정을 겪고 너무 놀랐고, 똑같은 방법으로 최대한 많은 외국어에 같은 과정을 적용했습니다.

이해를 위한 문제

1. 폴리그롯이 들은 영어수업의 문제는 무엇이었나요?
   가. 너무 비쌌다.
   나. 너무 지루하고 따분했다.
   다. 선생님들이 가르치는 것에 별 신경을 쓰지 않는 것 같았다.
   라. 그저 단어와 문법 규칙을 외우는 듯한 느낌이었다.

2. 폴리그롯은 대학에서 영어를 어떻게 배웠나요?
   가. 공부하고 최고의 성적을 받기 위해 모든 시간을 보냈다.
   나. 한국어 자막 없이 영어로 된 TV와 영화를 보는데 모든 자유 시간을 보냈다.
   다. 한국어 자막과 함께 영어로 된 TV와 보는데 모든 자유 시간을 보냈다.
   라. 어휘 목록과 문법을 암기하는데 모든 자유시간을 보냈다.

3. 폴리그롯은 어떻게 다른 외국어를 배웠나요?
   가. 몇 번이고 특정한 단어와 구절을 적었다.
   나. 영어를 배운 후 다른 언어의 90%를 이해 할 수 있다는 것을 깨달았다.
   다. 어휘와 문법 규칙을 외울 때까지 반복하고 또 반복했다.
   라. 같은 방법을 최대한 많은 다른 외국어에 적용했다.

English Translation

(To learn more about language learning, Sang-chul has been watching videos on YouTube. One video in particular catches his attention. It's an interview with a polyglot who is discussing how he came to learn eight different languages.)

Interviewer: You're saying you didn't learn any of these languages through school?

Polyglot: That's correct. English was the first one I learned. I took English classes during grade school, but it felt like we were just memorizing lists of vocabulary words and grammar rules. Those classes did nothing to help me understand spoken English or speak like a native.

Interviewer: So, how did you go about learning those things?

Polyglot: In college, I had a lot of free time on my hands. I got bored with watching TV and movies and playing video games after school, so I decided to do something more challenging with my time. I figured that going all out to learn English would be the best thing I could do. I spent all my free time watching TV shows and movies in only English, with no Korean subtitles.

Interviewer: Wow. How much of it could you understand at first?

Polyglot: Practically zero. It was very hard at first but also very exciting. After a few days of watching, I started noticing certain words and phrases were being repeated over and over. I wrote those down in my notebook and I looked them up online after each show ended. I kept repeating this process over and over. After a few months, I realized I could understand 90 percent of the English in TV and movies. Shortly after, speaking came very naturally. I was so amazed by the learning process that I went out and applied the same technique to as many foreign languages as I could.

DID YOU ENJOY THE READ?

Thank you so much for taking the time to read our book! We hope that you have enjoyed it and learned more about real Korean conversation in the process!

If you would like to support our work, please consider writing a customer review on Amazon. It would mean the world to us!

We read each and every single review posted, and we use all the feedback we receive to write even better books.

ANSWER KEY

Chapter 1:
1) 나
2) 라
3) 다

Chapter 2:
1) 가
2) 나
3) 다

Chapter 3:
1) 라
2) 라
3) 다

Chapter 4:
1) 나
2) 가
3) 라

Chapter 5:
1) 다
2) 라
3) 다

Chapter 6:
1) 가
2) 라
3) 라

Chapter 7:
1) 라
2) 가
3) 라

Chapter 8:
1) 나
2) 가
3) 나

Chapter 9:
1) 다
2) 가
3) 라

Chapter 10:
1) 나
2) 나
3) 다

Chapter 11:
1) 다
2) 가
3) 다

Chapter 12:
1) 가
2) 나
3) 나

Chapter 13:
1) 라
2) 나
3) 라

Chapter 14:
1) 다
2) 다
3) 다

Chapter 15:
1) 가
2) 다
3) 가

Chapter 16:
1) 라
2) 가
3) 나

Chapter 17:
1) 나
2) 가
3) 나

Chapter 18:
1) 라
2) 라
3) 라

Chapter 19:
1) 나
2) 라
3) 나

Chapter 20:
1) 가
2) 라
3) 다

Chapter 21:
1) 가
2) 나
3) 다

Chapter 22:
1) 다
2) 나
3) 가

Chapter 23:
1) 나
2) 나
3) 나

Chapter 24:
1) 가
2) 가
3) 나

Chapter 25:
1) 라
2) 다
3) 라

Chapter 26:
1) 나
2) 다
3) 나

Chapter 27:
1) 다
2) 나
3) 가

Chapter 28:
1) 가
2) 다
3) 가

Chapter 29:
1) 라
2) 나
3) 라

Printed in the USA
CPSIA information can be obtained
at www.ICGtesting.com
LVHW091130081023
760497LV00015B/165